HISTOIRE
GENEALOGIQUE
DES FAMILLES,

DE LA CROIX   DE CHISSE',

    DE CHEVRIERES,   DE SAYVE,

DE PORTIER,   ET DE ROUVROY.

D'ARZAC,

Par M. GVY ALLARD, *Conseiller du Roy, President*
en l'Election de Grenoble.

A GRENOBLE,
Chez LAURENS GILIBERT, Imprimeur
& Marchand Libraire, en Ruë neuve, proche
les RR. PP. Jesuites. 1678.

Avec Privilege du Roy.

A MONSEIGNEUR,

MONSEIGNEUR

LE

COMTE DE SAINT VALIER,

CONSEILLER DU ROY EN SES CONSEILS

d'Estat, & Capitaine des Gardes de la Porte
de Sa Majesté.

ONSEIGNEVR,

*QVAND on a autant de merite que vous en avez, on n'a
pas besoin de la Vertu & de la Noblesse de ses Ancestres, pour se
faire un rang considerable dans le monde. Il n'en est point où l'on*

ne puisse aspirer, & ce merite sçait se frayer un chemin aux plus
hautes Dignitez & aux Charges les plus relevées. Tous ceux qui
vous connoissent sçavent bien que vous ne devez qu'à vous la
Place que vous avez dans la Maison du Roy, & cette Porte Sa-
crée qui Vous est confiée marque assez l'estime qu'on fait de Vostre Personne, sans chercher ailleurs des endroits pour la mieux
establir. Toutefois quelque gloire qu'on tire de soy-même, l'Illustre Naissance est trop avantageuse pour ne luy devoir pas quelque chose; Et lors qu'on a des Ayeuls renommez, il est bien juste
d'agréer qu'on les fasse revivre dans un siecle où celuy qui leur
a succedé a sceu s'acquerir comme Eux une grande reputation.
Les Vostres ont paru sous les armes comme des Heros; peut-on
mieux les imiter que vous avez fait. Et lors qu'on Vous a veu à
la teste de Vostre Regiment braver les ennemis de la Religion &
de l'Estat; N'est-ce pas avoir glorieusement suivy leur exemple?
Tous ont presque esté dans de grandes Charges; La Vostre n'est-
elle pas des premieres de la Cour? Enfin, MONSEIGNEVR,
si leur memoire n'a rien qui ne soit éclatant, Vous en laisserez une
qui ne sera pas le moindre ornement de vos Neveux. J'ay écrit
dans le Livre que j'ay l'honneur de Vous presenter ce qui peut
faire connoistre ces Fameux Ancestres. On voit chez-Vous tout
ce qui fait les Grands Hommes. Je n'ay donc plus qu'à me taire
& à vous assurer que quelque plaisir que j'aye eu à composer ces
Genealogies, le plus grand que je m'y sois proposé, c'est de pouvoir apprendre au public que je suis.

MONSEIGNEVR,

Vostre tres-humble & tres-
obeïssant Serviteur.
ALLARD.

LA CROIX

DE

CHEVRIERES.

D'Azur à la teste & col de Cheval animé d'Or, au chef cousu de Gueules, chargé de trois Croisetes d'Argent.

A

ALLIANCES.

ALLEMAN.	JACOT.
ARZAC.	LAMBERT.
BAILLY.	LEUSSE.
BAUME-SUZE.	MONISTROL.
BAUME-CHASTEAU-	MONTAYNARD.
DOUBLE.	MORARD-D'ARCES.
BOFFIN.	ODE-TRIOL.
BOREL.	PONTEVEZ.
CHISSE.	PORTIER.
CHOMARD.	PRUNIER.
CHYPRES.	RABOT.
CLERMONT.	ROUVROY.
COSTAING.	SAYVE.
COPIER.	SERVIENT.
DORGEOISE.	SIMIANE.
GIROUD.	VILLEIN-ES.

ARBRE GENEALOGIQVE.

PREMIERE BRANCHE,

QVI EST CELLE

DE CHEVRIERES.

Pierre 1335. 1369.
Beatrix de Chypres.

Iean 1396. 1405. 1438.
Loüife Lambert.

Pierre II. 1452.	Hugues
Caterine Chomard.	Ecclef.

Iean II. 1498.
Drevonne Moniftrol.

Pierre.	Felix 1541.	Gerard,	Artaud,	Madelaine.
	Guigonne Portier.	Ecclef.	Ecclef.	

Claude,	Iean III. 1578.	Felix.	André.	Guigonne.
Seigneur de	Barbe d'Arzac,			Gabriel-Ode de Trio
Mourviliers.	& dépuis Evêque			Hugues de Dorgeoife.
	de Grenoble.			

Felix II. 1608.	Caterine.	Alphonce,	Guigonne.	Iean,	Marguerite.
Claudine de Chiffé.	Pierre de	Evêque de		a fait	Laurent de
	la Baume.	Grenoble.		brâche.	Rabot.

Iean IV.	François-Octavian.	Ioachim.	Ieanne.	Caterine.	Anne.
Marie de			Felicien	Anne de	
Sayve.			Boffin.	la Baume	Françoife.
				de Suze.	
					Marie.

Pierre-Felix III.	Iacques-Benoit.	Barbe-Marie.	Madelaine.	Anne.	Angelique.
Ieanne de	François.	Gabriel de	Ifabeau-	Gabriel	Loüis - Ro-
Rouvroy.	Iean.	Pontevez.	Terefe.	de Pru-	ftaing de
				nier.	Clermont.

Iean-Baptifte.	Et un autre non nommé.

DEUXIE'ME BRANCHE,

QUI EST CELLE

DE PISANCON.

Jean.
Anne Bailly.

Gabriel. Madelaine de Sayve.	François.	Iean.	Anne. Abel de Simiane.	Marguerite.	Honorade.

| Iean-Bernard. | Ioachim. | Pierre. | Charles. | Anne. Iean Borel. | | Therese. | Marie. | Anne. |

HISTOIRE

ET

PREUVES.

L E s honneurs de l'Eglife, ceux de la Magiftra-
ture, les recompenfes de la valeur par les Charges militaires, la grandeur des emplois, la faveur
des Princes, une grande reputation, un excellent
merite, toutes les vertus des Hommes Illuftres, ont paru
en foule dans cette Famille, laquelle ayant pris fa fource
& fa premiere origine dans l'épée, a eu dans tous fes degrez plufieurs emplois confiderables dans l'épée, dans la
robe & dans l'Eglife.

Son premier nom a efté de Guerre; qui ne luy fert aujourd'huy que de cry de Guerre. Un fief de même nom a
toûjours efté dans cette Maifon, & eft aujourd'huy dans la
branche de Pifançon. Il y a deux cens ans qu'elle l'a quitté pour prendre celuy de la Croix, dont elle fut chargée
par la derniere volonté d'un Gentilhomme de ce nom,
qui par l'affection qu'il eut pour Jean de Guerre II. du
nom, luy donna les biens qu'il avoit dans cette Province,
& particulierement dans le lieu de Pifançon.

  I. Degré. PIERRE DE GUERRE,
       I. du Nom.

Eftoit du lieu de Vorépe. Un denombrement intitulé
Liber Nobilium defcriptorum tempore R. D. Henrici de Villars
Vivarienf. Epifcopi, ac Vicarÿ Generalis Delphinatus, qui fe
trouve dans la Chambre des Comptes de cette Province,
met dans ce même lieu de Vorepe ces cinq Gentilshommes, Raymond Bertrand Chevalier, Guigonnet de la Bri-

ve Demoiseau, PIERRE DE GUERRE, Bertrand Ran-
dan, & Pierre Maurin. C'estoit l'an 1335. Il contracta
Chypres. mariage le 22. de May de l'année 1352. avec Beatrix de
Chypres, fille de Noble Guillaume de Chypres du lieu
de Chirenc, & il vivoit en 1369. Il eut pour enfans.

1. Jean qui suit.

2. Raymond, qui passa quelques reconnoissances en faveur du Roy Dauphin en qualité de Noble, pour des biens
qu'il avoit à Vorepe aux années 1384. & 1385. Elles sont
dans la Chambre des Comptes de Dauphiné.

3. Soffrey est nommé frere des deux precedens aux mêmes reconnoissances, & en passa une le 17. d'Aoust 1384.

II. *Degré.* JEAN DE GUERRE,
I. *du Nom.*

Reconnut en faveur du Roy Dauphin Charles VI. plusieurs biens nobles qu'il avoit dans le même lieu de Vorepe par deux actes des 15. de Iuin, & 16. d'Aoust 1384. à
la maniere des Nobles. Il est qualifié fils de Pierre dans
son contract de mariage du 13. d'Octobre 1396. avec Louï-
Lambert se de Lambert, fille de Noble Louïs de Lambert & de Fran-
Villeines çoise de Villeines. Il y a parmy les titres de cette Maison
une vente de quelques fonds faite le 2. de Iuillet 1406. par
ce Iean de Guerre, qualifié Noble du lieu de Vorepe, &
des albergemens des 22. de Ianuier 1426. & 24. d'Avril
1438. où la qualité de Noble luy est donnée. Il fut pere de

1. Pierre qui suit.

2. Hugues Chanoine de S. Chef l'an 1450. où il faut de
grandes preuves de Noblesse.

III. *Degré.* PIERRE DE GUERRE,
II. *du Nom.*

Cho- Qui s'establit dans le Valentinois, où il fut appellé par
mard. l'alliance qu'il y contracta avec Caterine de Chomard, fille
Copier. de Noble Hugues de Chomard, & de Caterine de Copier, par
contract de mariage du 6. d'Octobre 1452. où il est qualifié fils de Iean du lieu de Vorepe, & frere de Hugues Chanoine de S. Chef. Il revenoit d'Italie, où il avoit esté parmy les troupes que le Roy Charles VII. avoit données à

René Roy de Sicile Comte de Provence, où il s'estoit fignalé, & passant auprés de la Ville de Romans, il s'y maria. Il fut connu du Dauphin Loüis pendant son sejour dans cette Province, & ne luy fut pas inutile dans ses desseins, & particulierement dans la même Ville, où par son credit il fit toucher à ce Prince une somme considerable que cette Ville luy donna. Il le suivit en Flandres, revint en Dauphiné, où il empêcha que Jean Copier son cousin ne fût poursuivy par les Commissaires du Dauphin, alors devenu Roy, & qui se vangeoit de ceux qui l'avoient abandonné pour suivre son pere, lors qu'il estoit en cette Province. Il se jetta parmy les troupes que le Comte de Cominges Gouverneur de Dauphiné commandoit contre le Duc de Savoye, l'an 1475. Il eut une Compagnie de gens de pied, qu'il mena dans la Savoye, lorsque Loüis Bastard de Bourbon, Comte de Rossillon, Admiral de France, eut Ordre du Roy de se saisir de cét Estat. L'année d'aprés il y eut quelques remuëmens dans la Ville de Romans touchant les pretentions du Pape sur le Comté de Valentinois. Pierre de Guerre soûtint l'interest du Roy à main armée, & ce fut avec beaucoup de gloire. Le tout est justifié par les memoires de la Maison. Il testa le 6. d'Aoust l'an 1480. & instituë heritier son fils qui suit, nommé

JEAN DE GUERRE, *II. du Nom,*
IV. Degré.   *dit de la* CROIX, *Seigneur de Guerre &*
de la Ruiniere, Capitaine de Cavalerie.

Il fut surnommé de la Croix au moyen de la donation qui luy fut faite sous cette condition par un Gentilhomme de ce nom, dans son testament du 3. de Mars 1486. Il suivit comme son pere la profession des Armes & servit les Roys Loüis XII. & François I. dans leurs Armées, s'estant trouvé en la bataille de Ravenne l'an 1512. & à la journée de Marignan l'an 1515. remportée sur les Suisses par François I. & qui fut suivie de la conqueste de la Duché de Milan. Il continua de servir ce Monarque en qualité de Capitaine d'Infanterie, & fut pris à la bataille de Pavie l'an 1525 aussi bien que le Roy son maistre, aprés y avoir donné des grandes preuves de son courage. Enfin il mourut Capitaine de Cavalerie sous les ordres du Comte de S. Paul en Italie l'an 1529. ayant testé le 15. de Fevrier 1527.

Moni-
strol.

Sa femme fut Drevonne de Monistrol d'une ancienne famille de S. Donnat qui s'esteignit en sa personne. Il l'épousa le penultiéme de Septembre 1482. Elle fit son testament le 5. d'Avril 1535. Elle estoit fille de Noble Ponson de Monistrol qui testa le 8. d'Aoust 1498. & de Jeanne de

Leusse.

Leusse sa femme d'une tres-ancienne famille de S. Marcellin. Il eut.

1. Pierre de la Croix qui alla s'establir prés de Chartres au pays de Beausse, où il mena Françoise d'Arzac sa femme aprés avoir donné plusieurs marques de son courage dans les démeslez de la France contre l'Empereur, où il commanda des Compagnies de gens de pied & de cheval, & particulierement lors de la journée de Renty en 1554. Il se trouva encor en plusieurs occasions pendant les guerres civiles de la Ligue, & combattit avec beaucoup d'honneur lors des batailles de Dreux 1562. de S. Denis 1567. de Jarnac 1569. & fut tué cette même année en celle de Montcontour. Il eut un fils nommé Claude Seigneur de Morvilliers & de Grandville, qui transigea le 15. de Juillet 1584. avec Jean de la Croix de Chevrieres son cousin germain, sur la succession de Jean leur ayeul qualifié Escuyer, & de Drevonne de Monistrol leur ayeule, & sur la demande de quelque argent que ce Claude de la Croix avoit presté à Felix de la Croix de Chevrieres aussi son cousin germain, pendant qu'ils estoient à l'armée, & sous les Ordres du Duc de Guise. Sa posterité est finie aujourd'uy. Quelques actes m'ont appris qu'il suivit le party de la guerre, & y eut de beaux emplois.

2. Felix a continué en Dauphiné.

3. Gerard Chanoine Sacristain de S. Bernard de Romans, Chanoine de S. André de Grenoble, & Prieur de saint Romain, testa le 30. d'Aoust 1551.

4. Artaud Chanoine de la même Eglise de Romans.

5. Madelaine.

FELIX DE GUERRE,
furnommé de LA CROIX, *chevalier,*
Seigneur de Chevrieres, de Brie, de Guerre
& de la Ruiniere, Conseiller du Roy au Par-
lement de Grenoble, puis Advocat General
au même Parlement, feul Maiftre des Re-
queftes du Dauphin, Intendant de la Iufti-
ce, Police & Finances en Dauphiné, Con-
feiller d'Eftat.

V. Degré.

Il époufa le 19. de Juin 1541. Guigonne de Portier, fille **Portier.**
unique de Noble Jacques de Portier Seigneur de Brie, & de
Caterine Morard d'Arces. Cette Caterine avoit efté ma- **Morard**
riée en premieres nopces à Noble Jean de Servient Sei- **d'Arces.**
gneur de Biviers. Il fut pourveu d'une charge de Conseiller **Servient**
au Parlement de Grenoble par Lettres du dernier d'Avril
1543. & y fut reçu le 28. de May fuivant. Dans cette qualité le Roy François premier le nomma l'un des Commif-
faires qui devoient affifter au Jugement du procez de Guillaume du Poyet Chancellier de France, par Lettres qui
furent enregiftrées au même Parlement le 8. de Fevrier
1544. Peu de temps après il fut choifi avec plufieurs Pre-
fidents, Maiftres des Requeftes & autres Officiers des
Cours Souveraines pour compofer une Chambre de Juftice
pour la punition de quelques criminels d'Eftat, parmy lef-
quels furent le Maréchal de Biez de la Maifon de Roüan,
& Vervin fon gendre. Le genie de Felix eftant extreme-
ment propre pour parler en public, il quitta fa charge de
Conseiller & prit celle d'Advocat General au même Parlement, dont il fut pourveu le 3. de Janvier 1549. & où il
fut reçu le 18. de Decembre 1551. Eftant appellé à d'autres employs par fa Majefté, il fe défit encore de ce dernier Office, & fut fait feul Maiftre des Requeftes Ordinaire de Monfeigneur le Dauphin, & Intendant de la Juftice, Police & Finances de la Province de Dauphiné, par
Lettres Patentes du 10. d'Aouft 1555. & Conseiller d'E-
ftat par autres Lettres Patentes du 14. de Juin 1557. lefd.

B

lettres conceuës avec beaucoup d'éloges en sa faveur. Il fut Seigneur de Brie par le moyen de sa femme Guigonne de Portier, & Seigneur de Chevrieres par la vente que luy fit de cette terre Diane de Poitiers Comtesse de S. Vallier, au mois d'Avril de l'année 1560. Il mourut en 1583. & est enterré dans le tombeau de ses predecesseurs. Il avoit fait son testament le 13. de Fevrier 1569. Voicy ses enfans.

1. Felix de la Croix fut connu sous le nom de Capitaine Chevrieres : & ayant donné des marques signalées de son courage en plusieurs occasions, & particulierement à la défaite de Montbrun dans le Diois, il fut fait Capitaine d'une Compagnie de 300. hommes de pied François par commission du 5. d'Aoust l'an 1575. Il fût employé dans les occasions les plus importantes, & parut avec sa Compagnie presque dans tous les sieges qui furent faits contre les Huguenots, & particulierement à ceux de Monteleger, où il fut fait Colonel, & commanda six Compagnies outre la sienne dans un poste qui luy fut confié; de Morestel qu'il emporta, & où il reçut 7. coups de mousquets l'an 1576. de la Jonchere, de Hostung & de plusieurs autres places où il se distingua d'une maniere à meriter le don d'une somme considerable que le Roy luy fit par Brevet du 27. de Iuillet de la même année. Enfin il fut tué au siege d'Issoire en Auvergne l'an 1577. sans avoir esté marié. Il fit de grandes dépenses pour soustenir les frais de la guerre qu'il fit toute sa vie, ce qui l'obligea d'emprunter quelque argent de Claude de la Croix Seigneur de Morvilliers & de Grandville son cousin germain, le remboursement duquel donna lieu à une partie de la transaction de 1584.

2. Iean qui suit.

3. André sieur de Satuzange.

4. Guigonne fut mariée en premieres nopces, & par contract du 6. d'Avril 1580. avec Noble Gabriel Ode Seigneur de Triors, auquel elle procrea Caterine Ode de Triors, femme de Noble Iean Bailly Conseiller au Parlement de Grenoble, dont elle n'eut point d'enfans; puis de Noble

Ode.

Gabriel de Morges Seigneur de Pouliane, duquel elle a Morges.
eu Marie de Morges mariée à Noble Charles de Taboret
Seigneur de Chafaut, Président aux Enqueftes du Parlement d'Aix.

Guigonne de la Croix époufa en fecondes nopces Noble
Hugues de Dorgeoife Seigneur de la Tivoliere, gouverneur Dorgeoi-
pour le Roy de la Ville & du Chafteau de Montellimart. fe.

JEAN de la CROIX, III. du Nom,

Chevalier Seigneur de Chevrieres, de Brie, Chante-
merle, les Cottanes, Faramans, Lieu-Dieu, Orna-
cieux & Pifançon, Baron de Serve & de Clerieu,
Comte de Saint Vallier & Val, Confeiller au Parle-
ment de Grenoble, Advocat General, puis Prefident
à Mortier au même Parlement, Maiftre des Reque-
VI. Degré. *ftes, Intendant aux armées du Roy, Confeiller d'E-*
tat, Intendant de la Iuftice, Police & Finances en
Dauphiné, Garde des Seaux de Savoye, eftably
par le Roy, Commiffaire pour l'execution de la paix
entre la France & la Savoye, Ambaffadeur extra-
ordinaire en Piedmont, & finalement Evêque & Prin-
ce de Grenoble, Prefident perpetuel des Eftats de
Dauphiné.

Quand on ne liroit que le titre de cette fection, on ap-
prendroit le haut rang où le fçavoir, le merite & la qualité ont porté Jean de la Croix qui en fait la matiere. Mais
pour venir aux preuves de ce que je viens d'écrire & à
l'éloge que merite un fi grand Homme ; je diray en premier lieu qu'il fut pourveu d'un Office de Confeiller au
Parlement de Grenoble par lettres du 25. de Iuin 1578.
qu'il exerça plufieurs années ; mais les talens particuliers
qu'il avoit à parler en public, la belle maniere avec laquelle il s'expliquoit, & fon fçavoir éminent luy donnerent
une femblable envie que fon Pere avoit eüe, & s'eftant
défait de fa charge de Confeiller, il fut inftallé en celle

d'Advocat General au même Parlement par lettres de pro-
vision du 29. d'Octobre 1585. & il y fut reçû le 20. de Decembre suivant. Trois années après sçavoir le 29. de Novembre 1588. Il fut fait Maîstres des Requestes, & Intendant des Finances dans l'armée que le Duc de Mayenne
commandoît en Dauphiné ; où son esprit & son merite
n'éclaterent pas moins que dans la distribution de la Iusti-
ce. Ce qu'ayant esté connu par sa Majesté, Elle le fit sur-
Intendant de ses Finances en Dauphiné par Lettres du
13. de Septembre 1595. ausquelles elle ajoûta le Brevet
de Conseiller d'Estat. La Savoye ayant esté conquise par
le Roy Henry le Grand , sa Majesté y establit un Conseil
& un Parlement dont une partie des Officiers furent Dauphinois, parmy lesquels celuy-cy fut fait garde des Seaux
au mois de Septembre 1600. La paix ayant esté concluë
entre la France & la Savoye , en 1601. la Croix rendit les
Seaux au Chancellier de France & s'en fit décharger le
26. d'Octobre de la même année. Il eut un second brevet de Conseiller d'Estat le 18. de Decembre suivant, en
cette qualité il fut commis pour traitter avec les députez
du Duc de Savoye sur l'execution de la paix , où il reüssit
admirablement bien & au gré de sa Majesté : Aussi en re-
ceut-il pour recompense une charge de Président à mortier au Parlement de Grenoble, dont il fut pourveu le dernier de Decembre 1603. qui ne luy cousta que de tres-
humbles remercimens qu'il en fit au Roy revenant de sa
commission pour l'execution de la paix, dont je viens de
parler. Il se fit recevoir en cette charge le 26. de Ianvier
1604. en laquelle estant , le Parlement & les Estats de la
Province le députerent avec Gaspard Beatrix Robert Seigneur de Bouqueron, Iean-Loüis le Maistre Conseillers,
François du Faure Procureur General , & Claude Expil-
ly Advocat General au même Parlement, pour poursui-
vre auprés de sa Majesté la jonction des pays de Bresse,
de Bugey, & autres eschangez par le traitté de paix , au

gouvernement, ressort & Estats de Dauphiné, à quoy ils
ne pûrent reüssir, ayant contr'eux l'authorité du Maréchal de Biron Gouverneur de Bourgogne qui en obtint
la jonction à son Gouvernement. La Croix fit ce qu'il
pût auprés du Roy de qui il estoit chery & fort connu,
mais il travailla en vain aussi-bien que les autres ; néant-
moins son voyage ne luy fut pas inutile, & ayant paru à sa
Majesté homme de negociation & fort habile, elle le dé-
puta à la Cour de Savoye en qualité d'Ambassadeur ex-
traordinaire, le chargea de plusieurs commissions secrettes le 27. de May 1605. où l'on void que la Croix devoit
negocier une alliance plus estroitte entre la France & la
Savoye, le mariage du Prince de Savoye avec l'une des
filles du Roy, le projet de faire la guerre à l'Espagnol, &
la conqueste de Milan qui devoit demeurer au Duc de
Savoye, qui cederoit en échange au Roy la Savoye & ses
pretentions sur la Bresse, le Bugey & le Vertomex.

Le President de Chevrieres acheva heureusement tout
ce dequoy il estoit chargé ; & il revint ensuite à Paris en
rendre compte au Roy. Ceux qui n'ont pas veu les in-
structions secrettes dont je viens de parler, ont creu que
la deputation de Jean ne fût que pour regler les limites
de la Savoye avec les terres échangées.

Il avoit épousé le 7. de Septembre 1577. Barbe d'Arzac, *Arzac.*
fille de Noble Ioachim d'Arzac de la Cardonniere & de
Claudine de Costaing de Posignan, fille de Noble Hector *Costaing*
de Costaing, & d'Isabelle Dodieu. Elle deceda en 1594.
& Sa Majesté ayant sçeu que Jean estoit veuf l'engagea à
son retour de Savoye à changer son Mortier de President
à une Mittre qu'elle luy offrit pour le recompenser de ses
peines & de ses travaux. A des offres si considerables il
n'y avoit pas lieu d'hesiter : mais le grand changement
qu'il falloit faire, & la charge à laquelle les Prelats sont
attachez meritoit bien quelques jours de reflexion. Aussi
Jean de la Croix les demanda au Roy qui les luy accorda,

au bout defquels ayant accepté avec foûmiffion & des termes de reconnoiffance & de refpect le bien-fait de fa Majefté , il receut le Brevet de l'Evefché de Grenoble, obtint fes Bulles de Rome en datte du 4. de Juillet 1607. & les Lettres Patentes de confirmation de fa Majefté le 2. d'Octobre de la même année qui furent enregiftrées au Parlement de Dauphiné le 7. de Novembre fuivant. Il refigna fa charge de Prefident , mais par Lettres du même jour 2. d'Octobre il fut maintenu dans le rang de fa feance où il eftoit auparavant , non feulement pour le *Parle-ment* de Genoble , mais encore pour tous les autres *Par-lemens* du Royaume : Ce qui fut verifié en celuy de Dau-phiné au mois de Decembre fuivant, & en celuy de *Paris* le 23. de Fevrier 1609. avec cette claufe (fans tirer à con-fequence) pour faire voir que le feul merite de la perfon-ne eftoit confideré. Eftant allé à Paris en 1611. la Reyne Regente luy accorda la coadjutorerie de fon Evêché en faveur d'Alphonfe fon fils, & luy en donna le Brevet du dernier d'Avril de cette année : Elle le choifit auffi pour eftre de fon Confeil ordinaire , & luy en fit expedier le Brevet le 25. de Juin de la même année. Et par un troi-fiéme Brevet du 17. de Septembre 1612. il fut fait Con-feiller d'Eftat Ordinaire du Roy qui luy accorda une pen-fion de deux mille livres dont joüiffent les Confeillers d'Eftat Ordinaires. Il affifta aux Eftats Generaux en 1615 & à l'affemblée des Notables tenuë à Roüen en 1618. Si fon Eloquence fut grande dans le Palais, elle fut mer-veilleufe dans les Predications qu'il fit à *Paris* & ailleurs devant fa Majefté & devant les Cours fuperieures. Enfin accablé d'âge , couvert d'honneur & de gloire , fatigué de fes travaux , il mourut à *Paris* à l'affemblée generale du Clergé de France au mois de May de l'année 1619. Son cœur fut mis dans le milieu de la nef de l'Eglife des FF. Prefcheurs Reformez de la ruë S. Honnoré , fous une la-me d'airain gravée de fes armes. Son corps fut apporté

en Dauphiné & mis au tombeau de ſes predeceſſeurs.
Nonobſtant ſes grands emplois il ne ſe relâchoit point
de l'eſtude, & l'on en voit des marques dans Guy Pape,
où il y a un Commentaire ſous ſon nom. Il en fit auſſi un
ſur l'Edit des donations conforme à l'uſage de Dauphiné.
Ce fut luy qui acquit de la Maiſon de Poitiers les Comtez de ſaint Vallier & de Val, la Baronnie de Clerieu, &
la Terre de Piſançon, par contracts des années 1584. &
1586. & les Terres d'Ornacieux, Faramans, & la Baronnie de Serve de celle de ſaint Chaumont. Il fut auſſi Preſident perpetuel des Eſtats de Dauphiné. Je feray ſon é-
loge parmy ceux des Hommes Illuſtres de cette Province, auſquels je travaille. Barbe d'Arzac ſa femme teſta
le 3. de Fevrier 1981. & luy, fit ſon teſtament le 21. de
Mars 1609. Ils eurent pour enfans.

1. Felix qui ſera mentionné cy-aprés.

2. Caterine femme de Noble Pierre de la Baume, *la Baume*
Conſeiller d'Eſtat, & Doyen du Parlement de Grenoble.

3. Alphonſe de la Croix de Chevrieres, Chevallier
Seigneur d'Ornacieux, les Cottanes, Barbin, Faramans
& Lieu-Dieu. Fut premierement Evêque de Calcedoine
& Coadjuteur de ſon pere, puis Evêque & Prince de
Grenoble, Conſeiller d'Eſtat, Preſident perpetuel des E-
tats de Dauphiné, Abbé de S. Martin de Miſeré, Prieur
de Nôtre-Dame du Groſſe en Normandie, de Beau-lieu
dans la Ville d'Angouleſme, d'Aubigny en Nivernois, &
de ſaint Pierre de Juigny au Perche. Il mourut à ſaint
Marcellin en 1637. Pierre Scaron fut ſon ſucceſſeur en
ſon Evêché. Il eſt mort en 1668.

4. Guigonne de la Croix morte jeune.

5. Jean de la Croix de Chevrieres, Chevallier Seigneur de Piſançon, a fait branche.

6. Marguerite de la Croix mariée à Noble Laurent de
Rabot d'Aurilac, Seigneur de Veyſſillieu & de Buffieres, *Rabot.*
Conſeiller du Roy au Parlement de Grenoble, par con-
tract du 24. d'Avril 1618. C

FELIX *de la* CROIX, *II. du Nom, Chevallier Seigneur de Chevrieres & de Chantemerle, Baron de Serve & de Clerieu, Comte de Saint Vallier & de Val, Conseiller au Parlement de Grenoble, Advocat general au Grand Conseil, Conseiller du Roy en ses Conseils, Maistre des Requestes Ordinaire de son Hostel.*

VII. Degré.

Du vivant de Jean son pere il fut pourveu d'une charge de Conseiller au Parlement de Grenoble par lettres du 24. de Novembre 1608. & suivant les traces de ses predecesseurs attachez au Parquet des Gens du Roy, il quitta sa charge de Conseiller & prit celle d'Advocat General au Grand Conseil, où il fit paroistre son sçavoir & son éloquence. Il en fut pourveu le 17. de Janvier 1613. & il fut receu dans le même mois. Il fut ensuite appellé au Conseil Ordinaire du Roy, & fut fait Maistre des Requestes Ordinaire de l'Hostel de sa Majesté, par lettres du 19. de Juin 1619. & fut receu le 26. du même mois, & au Parlement de Paris le 3. de Iuillet suivant. Enfin il vint mourir à Grenoble le 23. de Novembre 1627. Il avoit testé le premier

Chissé. d'Octobre 1624. Sa femme fut Claudine de Chissé, fille de Michel de Chissé Chevalier Seigneur de la Marcousse,

Montaynard. & de Claudine de Montaynard qu'il avoit Epousé par contract du xj. de Iuillet 1610. Ces deux Familles sont anciennes & considerables. La premiere est originaire des Estats de Savoye. L'autre m'est connuë par des titres dépuis l'an 960. & elle conte parmy ses Alliances les Comtes de Dye issus des Comtes de Provences, & des Roys de France, & les Marquis de Montferrat. Il en a eu les enfans qui sont deduits à la suite.

1. Iean qui suit.
2. Ieanne qui est une Heroïne de son temps, & qui a

toûjours fçeu mefler les affaires de fon falut avec celles
du monde; fçavante politique. C'eft par fes foins qu'il y
a dans la Ville de Grenoble une Propagation de la
Foy. C'eft elle qui a toûjours eu un foin particulier de l'é-
ducation & de la conduite des nouveaux convertis. Elle a
connu les fecrets du Ciel & ceux du Parnaffe, & elle a
parlé de Dieu avec autant de devotion & d'éloquence,
qu'elle a eu de vivacité d'efprit à converfer avec les Mu-
fes. Il y a long-temps qu'elle eft veuve de Noble Felicien
Boffin Baron d'Huriage, Confeiller du Roy en fes Confeils   *Boffin.*
& Advocat General au Parlement de Grenoble, & quoy
qu'elle ait refté veuve fort jeune, elle a plûtoft fongé à
une retraitte de Religieufe qu'à un nouveau mariage.

    3. Caterine de la Croix a époufé Annet de la Baume   *LaBaume*
de Suze Chevalier Comte de Rochefort en Languedoc,   *de Suze.*
Baron de Lupé & de S. Jullien en Forefts, & Meftre de
Camp d'Infanterie. C'eft par la vigilance, par l'efprit &
par la conduite de cette Caterine que les biens de la maifon de fon mary qui eftoient difperfez & alienez, y ont
efté remis, & aujourd'huy cette Maifon eft une des plus
illuftres & des plus riches de la Province.

    4. Anne morte à Grenoble en 1619. & eft enterrée
dans la Chapelle des Portiers dans l'Eglife de Noftre-
Dame.

    5. Joachim decedé à Dijon en 1619. revenant de Pa-
ris, & eft enterré dans l'Eglife des Minimes.

    6. Barbe Religieufe de la Vifitation de fainte Marie
de Grenoble.

    7. François-Octavien, Baron de Clerieu, Enfeigne
de la Meftre de Camp, du Regiment des Gardes du Roy;
mort au fiege d'Arras en 1640. & eft enterré dans la Ville
d'Amiens.

    8. Marie Religieufe au Monaftere Royal de Mont-
fleury auprés de Grenoble de l'Ordre de S. Dominique.

    9. Françoife Religieufe au même Monaftere.

JEAN de la CROIX, IIII. du Nom,
Chevalier, Seigneur de Chevrieres, Chantemer-
le, Blanieu, Lieudieu, Beaumont, Monteux,
Crozes, Faramans & les Cottanes, Baron de Sey-
ve & de Clerieu, Comte de S. Vallier & de Val,
Marquis d'Ornacieux, Conseiller au Parlement
de Grenoble, Président à Mortier au Parlement
de Dijon, puis en celuy de Grenoble.

VIII. Degré.

Il est vivant en 1678. C'est un homme d'un esprit vif &
sublime, d'une conception prompte & d'un raisonnement
puissant & solide. Il fut pourveu d'un Office de Conseiller
au Parlement de Grenoble par lettres du 20. de Juillet 1633
& il y fut reçu le 9. d'Aoust suivant. S'estant marié à Dijon
en 1642. il se défit de sa charge de Conseiller pour prendre celle de Président à Mortier au Parlement de Bourgogne, de laquelle il fut pourvû le 6. d'Octobre de la même
année, & y fut reçu le 15. de Juin 1643. Sa Majesté recon-
noissant son merite, & estant instruite de celuy de ses ancestres & de leur reputation, le fit à cette consideration
Conseiller en ses Côseils d'Estat, le premier de Fevrier 1645
La même année & au mois d'Avril sa terre d'Ornacieux
fut erigée en Marquisat. Dans les Lettres, les services rendus par ses predecesseurs à la Couronne, y sont énoncez.
Elles furent verifiées au Parlement de Grenoble le 19. de
Juin 1646. En 1648. la Reyne Mere le fit Conseiller en
son Conseil d'Estat. Enfin il fut pourveu de la charge de
Président à Mortier dans ce dernier Parlement par lettres
du 25. de Juin 1650. Il a herité de grands biens de ses
Ancestres, qu'il a encor augmentez par ses soins, son esprit & sa bonne conduite. Il contracta mariage le 25. d'A-
vril 1642. avec Marie de Sayve, fille unique & heritiere
de Jacques de Sayve, Chevalier Seigneur d'Echigey &
de Chamblanc, & Conseigneur de Cossey en Bourgogne,
Conseiller du Roy en ses Conseils & Président à Mortier

Sayve.

au Parlement de Dijon, & de Barbe Giroud, fille de Be- *Giroud.*
noit Giroud Président à Mortier au même Parlement.

Il a eu pour enfans,

1. Pierre-Felix de la Croix de Chevrieres, Chevalier,
Comte de saint Vallier, sera mentionné au degré suivant.

2. Barbe-Marie a contracté mariage le 29. de Iuillet *Ponte-*
1664. avec Loüis de Pontevez, Chevalier, Marquis de *vez.*
Buoux, Baron de S. Martin.

3. Jacques-Benoit de la Croix de Chevrieres, Comte de
Sayve, heritier de la Maison de Sayve, est mort en Espagne en 1667.

4. Madelaine Religieuse de la Visitation.

5. Anne femme de Gabriel de Prunier, Chevalier, Ba- *Prunier.*
ron de S. André en Bochaine, Seigneur de la Buissiere, Belle-
Combe & Montalieu, Conseiller du Roy en ses Conseils,
& President à Mortier au Parlement de Dauphiné.

6. François de la Croix de Chevrieres, Comte de Sayve,
heritier de la Maison de Sayve, aprés la mort de Iacques-
Benoit son frere.

7. Jean Abbé de Chevrieres, Docteur de Sorbonne,
Prieur de saint Vallier & d'Oyeus, deputé du Clergé de
France, dans l'assemblée Generale de 1675. Conseiller
du Roy, Aumônier Ordinaire servant de sa Majesté.

8. Isabeau Religieuse à Montfleury.

9. Angelique, Epouse de Loüis-Rostaing de Clermont, *Clermõt*
Chevalier Comte de Montoyson, de l'Ancienne & Illustre Famille de Clermont-Tonnerre.

10. Therese morte jeune.

PIERRE-FELIX *de la* CROIX *de* CHEVRIE-
RES, *Chevalier, Comte de S. Vallier, Colonel d'un*
IX. Degré. *petit vieux-Corps d'Infanterie sous son Nom, Con-*
seiller du Roy en ses Conseils d'Estat, & Capitai-
ne des Gardes de la Porte de Sa Majesté.

Est né à Grenoble le 10. de Juin 1644. Il a fait choix
fort jeune de la profession des Armes. Sa premiere campa-

gne a esté en Afrique dans l'armée Navale & à la prise de
Gigeri en 1664. sous le Duc de Beaufort. Il a été Colonel
d'un Regiment d'Infanterie petit vieux Corps, qui portoit
le nom de S. Vallier, par commission du vingtiéme de
Decembre 1666. à la teste duquel il a servy dans les
dernieres guerres de Flandres sous le Marêchal de Crequy,
à la prise de Dolle en Franche Comté, où il fit avec son
Regiment le logement sur la contrescarpe en presence de
sa Majesté qui luy fit l'honneur de luy témoigner qu'elle
en estoit tres-satisfaite; & enfin au siege de Candie où il a
commandé à la défense d'une attaque sous le Marêchal
Duc de Navailles. Aujourd'huy il est Capitaine des Gardes de la Porte de sa Majesté par des provisions du premier
d'Avril 1670. C'est une des grandes charges de la Maison
du Roy, dont on preste le serment entre les mains de
sa Majesté, laquelle l'en a pourvû avec des marques de
bienveillance toutes particulieres, & il a eu l'honneur de
la suivre dans toutes les dernieres campagnes de Hollande,
Rouvroy de Flandres & de Franche Comté. Il a épousé par contract
du 11. de May 1675. Jeanne de Rouvroy, fille de Pierre de
Rouvroy, Chevalier, Seigneur du Puy & de Frossi, Maré-
Gontery. chal de Camp és armées du Roy, Capitaine au Regiment
des Gardes, & de Marie-Vrsule de Gontery, de laquelle
il a deux fils, l'un nommé Jean-Baptiste qui suit, & l'autre
n'est point encore nommé.

           JEAN *de la* CROIX *de* CHEVRIERES *V.*
X. Degré.   *du Nom, Chevalier, Marquis de S. Vallier.*
Né à Paris le 21. d'Avril 1676.

LA CROIX DE CHEVRIERES

DE PISANÇON. I I. BRANCHE.

        JEAN *de la* CROIX *de* CHEVRIERES,
VII. Degré.   *IV. du Nom, Chevalier Seigneur de Pisançon,*
         Mestre de Camp d'Infanterie.

Fils puiſné de Iean de la *Croix* de *Chevrieres* III. du nom, & de Barbe d'Arzac de la *Cardonniere*, prit le party des armes où il ſe fit cherir & eſtimer de tout le monde. Il fut nommé par ſa Majeſté pour commander une Compaguie de cent hommes de pied François, dans le Regiment de Sault par commiſſion du 13. de Novembre 1621. S'eſtant acquis de la reputation il fut fait Gouverneur de la Ville & du *Chaſteau* de Serre en cette Province. Ayant eſté fait priſonnier dans les guerres d'Italie, il fut conduit à Milan, où il fut ſi mal-traitté des ennemis, que le bruit de ſa mort courut en France : Mais eſtant de retour la feuë Reine, l'une des meilleures Princeſſes de ſon ſiecle, & qui ſçavoit recompenſer ceux qui ſervoient l'Eſtat, pour reparer les pertes que celuy-cy avoit faites, luy donna par un Brevet la premiere charge qui viendroit à vacquer parmy ſes Eſcuyers. Il fut fait enſuite Meſtre de *Camp* d'un Regiment de gens de pied, par commiſſion du vingtiéme de Septembre 1626. & comme il ſe juſtifie par divers certificats dés années 1627. & 1628. Lors de la guerre de Privas de ceux de la Religion, il fut donné pour ôtage quand les deux partis voulurent faire la paix. Il eſt mort dans le ſervice, eſtimé des Generaux, & ſi conſideré, que lors de ſa priſon il fut échangé avec l'un des Commandans de l'armée ennemie, & paſſant par les Eſtats du Duc de Savoye, il fut receu par ce Prince avec des témoignages d'une tres-grande affection. Il avoit êpouſé le 13. de Ianvier 1610. Anne Bailly, fille unique de Noble Iean Bailly *Conſeiller* au Parlement de Grenoble, & d'Olimpe Alleman d'Allieres. Iean eſtoit fils de Noble George Bailly, *Conſeiller* au même Parlement, & d'Iſabelle de Murinais, & George eſtoit fils de Noble Michel Bailly, & de Françoiſe Bacquelier. Iean de la *Croix* eſt mort en 1632. & a laiſſé pour enfans.

Bailly.
Alleman

1. François fut Enſeigne, puis Lieutenant de la Meſtre de *Camp* au Regiment de Piemont, d'une bravoure à le diſtinguer. Il fut fait priſonnier au ſiege d'Arras, aprés a-

voir combattu avec une valeur furprenante. Il eſtoit intrepide au feu & au fer. Il mourut jeune comblé d'honneur, & regretté de tout le monde.

2. Iean mourut au ſiege d'Orbitelle percé de trois coups de pique, portant l'Enſeigne de la Meſtre de Camp du Regiment de Vernatel.

3. Gabriel a continué.

4. Ioſeph de la Croix decedé à Paris l'an 1647. eſtant Page de Louys de Bourbon Prince de Condé.

5. Antoine Eccleſiaſtique eſt decedé.

6. Marguerite Religieuſe au Convent des filles de Nôtre-Dame à Tournon.

7. Honnorade Religieuſe de la Viſitation de Sainte Marie de Grenoble.

Simiane. 8. Anne mariée à Meſſire Abel de Simiane, Chevalier, Conſeiller du Roy en tous ſes Conſeils, Preſident en la Chambre des Comptes de Dauphiné.

GABRIEL *de la* CROIX *de* CHEVRIERES,
Chevalier Seigneur de Piſançon, de Chamagnieu, de Satuſange, de Guerre, de la Ruiniere, de Combovin & Bourg du Peage de Piſançon, Conſeiller, puis Preſident à Mortier au Parlement de Grenoble.

VIII. Degré.

Fut pourveu de ſa charge de Conſeiller en 1650. & de celle de Preſident à Mortier en 1670. & dans l'une & dans l'autre il a donné des marques de ſon integrité, de ſon eſprit & de ſon jugement. Il a épouſé par contract du 10. de Iuillet 1652. Madelaine de Sayve, fille de Claude de Sayve, Chevalier Seigneur de Chevignais, & *Sayve.* Comte de la Motte & de Thil, Conſeiller au Grand Conſeil, puis premier Preſident en la Chambre des Comptes de Dijon, & d'Elizabet de Iacot, fille de Benigne de Iacot, *Iacot.* Seigneur de Nevilly, & premier Preſident en la même

Chambre des Comptes. Il a pour enfans.

1. Jean-Bernard.
2. Joachim.
3. Pierre.
4. Charles.
5. Anne Epouse de Noble .... Borel Seigneur de Haute-Rive.
6. Therese.
7. Marie.
8. Anne.

PORTIER.

De Gueules à deux Tours d'Argent maſſonnées, crenellées de Sable, jointes par un entremur de même, avec une porte.

ALLIANCES.

ACTUYER	Le MAISTRE
AQUIN	MISTRAL
ARMUET	MORARD
Le BALME	MORGES
BLANC	Du MOTET
CASSARD	PILLA
La COLOMBIERE	SAINT-MARCEL
La CROIX-CHEVRIERES	SAUNIER
LAMBERT	SAURET

D

ARBRE GENEALOGIQVE

Iean I. 1390.

Louys I. 1426.
Antoinette Blanc.
Pernette Saunier.

Pernette.	François,	Antoinette,	Iean II. 1461.
Iean Pilla.	Prefident au	Antoine le	Bonne du
Petrement	Parlement.	Maiftre.	Mocet.
Aquin.			

	Guigues,	Antoine.	Madelaine.
	Marguerite		André de Morges.
	Actuyer.		

Iean,	Antoine.	Louys II.	Iacques.	Sufanne.	Ieanne.	Louyfe,
Ecclef.		Françoife de	Caterine	George de	Ioachim	Relig.
		laColombiere.	Morard.	S. Marcel.	Caffard.	

Olivier.	Bernard.		Guigonne,		Caterine.
			Feliz de la Croix.		

HISTOIRE

ET

PREVVES.

ON deſſein n'eſt pas d'aller fouiller dans le Foucigny dont cette famille tire ſon origine; les ſix degrez qu'elle me fournit en Dauphiné ſe trouvent remplis par tant de teſtes conſiderables que j'y trouve un ample ſujet d'en faire une des plus curieuſes genealogies qui paroiſſent dans mon ouvrage. Ce n'eſt pas que ceux qui ont veſcu ſous le nom de Portier dans la Baronnie de Foucigny & qui ont eſté les Anceſtres de ceux de Dauphiné n'ayent tenu un rang avantageux parmy les Nobles de cette Baronnie, comme il ſe juſtifie par les titres de la Chambre des Comptes de Grenoble, où l'on void des homages Nobles rendus à Humbert Dauphin de Viennois l'an 1341. & aux années ſuivantes par Girard Portier Eſcuyer, & par ſon fils Antoine auſſi Eſcyer: (la Baronnie de Foucigny dépendant alors de la Province de Dauphiné) mais n'ayant pas veu des titres qui juſtifient d'une deſcendance aſſeurée, & d'ailleurs comme j'ay dit les Portiers de Dauphiné par les employs illuſtres dont ils ont eſté honorez, par les divers incidens de leur vie, & par leurs alliances ayant paru avec éclat; il n'eſt pas neceſſaire que j'en aille chercher ailleurs ny dans une Province eſtrangere pour les faire connoiſtre. Je diray neantmoins en passant que les memoires de la Maison m'aprennent qu'Antoine Portier compris aux homages que j'ay alleguez fust ayeul de Jean auquel je commence cette Genealogie, & j'ay sçeu que dans la Savoye, dans le Genevois, & au Foucigny, il y a beaucoup de Gentils-hommes qui portent même nom & mêmes armes.

I. *Degré*

JEAN PORTIER,
premier du Nom.

J'ay veu par une ancienne Genealogie de cette Maison que celuy-cy ayant quitté le Foucigny passa dans la Ville de Vienne en Dauphiné & si habitua. Vne maison, une vigne & un cellier qui estoient à luy portoient le nom de la Chaisne. Il y avoit plusieurs rentes & autres biens que ses Successeurs ont possedés long-temps aprés; & en effet ces biens leur ont servy de matiere à quelques contracts que j'ay veus, passés avec les Religieux de l'Abbaye de S. André de la même Ville & avec divers habitans. Il eut pour fils.

II. *Degré*

LOUYS PORTIER,
Conseiller au Conseil Delphinal,
puis Président en la Chambre
des Comptes de Dauphiné.

Celuy-cy, s'estant rendu recommandable par son sçavoir, fut commis par le Roy Charles VII. avec le Gouverneur de Dauphiné, Iean Girard Maistre des Requestes de l'Hostel de sa Majesté, Guillaume de Meüillon Senechal de Beaucaire, Pierre de Tholon President au Conseil Delphinal, Iean de la Barre Thresorier, Iean de Marueil Auditeur des Comptes de Dauphiné, & Iean du Puy Prevost de l'Eglise de Saint André de Grenobles, & Conseiller au même Conseil, par lettres du 24. Iuillet 1426. pour l'execution de la transaction passée le 4. de ce mois

entre sa Majesté & Louïs Portier Seigneur de Saint Vallier,
touchant les Comtez du Valentinois & du Diois, que le
Roy prétendoit luy appartenir par le transport qui luy en
avoit esté fait par le dernier compte & que ce Seigneur
de Saint Vallier disoit luy estre écheuë au moyen des sub-
stitutions apposées aux testamens de ses predecesseurs. Sa
Majesté avoit esté mantenuë dans ces Comtez par cette
transaction où se trouverent presens la Reyne de Sicile, les
Comtes de Foix & de Vandôme, le Chancelier de France,
l'Evêque de Tholose, le Seigneur de Sully, les sieurs de
Treves, de Gaucourt, de Moüy, & de Sat, Iean Girard,
& Louïs Portier, qui s'acquitta merveilleusement bien de
sa commission, dont sa Majesté en rendit témoignage par
le don qu'elle luy fit des greffes de la Ville de Crest & de
ces Comtez par lettres patentes du 16 d'Octobre 1435.
Où le Roy declare que c'est pour reconnoistre les soins &
les peines qu'il avoit prises dans les differens qu'il avoit eus
avec le Seigneur de Saint Vallier touchant ces Comtez,
dans les transactions & appointemens faits pour ce sujet,
& pour maintenir le Roy dans la possession où il estoit après
la mort du dernier Comte. Dans ces lettres Louïs Portier
est qualifié President en la Chambre des Comptes. Cette
qualité luy est encore donnée par divers contracts des an-
nés 1435. 1437. 1440. & 1441. passez dans la Ville de
Vienne & ailleurs. Les memoires de la Maison portent
qu'il fust Iuge en chef de Graisivodan, & qu'il avoit esté
Auditeur des Comptes avant que d'en estre President.
Dans un acte d'assignation de doüaire fait en faveur de Pernette Portier sa fille dont je parleray, il est qualifié Conseiller Delphinal. Les mémes memoires disent que le Roy
Charles VII. l'envoya pour assister en son nom au Conci-
le de Basle où il soustint fermement les interest de sa Majesté. Il eut pour femme en premieres nopces Antoinette
Blanc, fille de Noble Antoine Blanc de la Coste saint An- *Blanc.*
dré, & de Ieanne de la Balme sa femme, & en secondes il *la Balme*

Saunier.
Lambert

épousa Pernette Saunier, fille de Noble Rambaud Saunier & de Caterine Lambert le 8 de Iuillet 1409. Cette Lambert estant veuve eut pour second mary Noble Iean Vallin, fils de Noble Hugues Vallin. Elle n'en eut point d'enfans & elle testa le 7 de Iuin 1411. I'ay veu divers actes passez par Iean Saunier, frere de cette Pernette où la qualité de Noble luy est donnée. Cette famille estoit originaire de l'Ambrunois, elle est .... Celle de Lambert estoit venuë de Vif, & il n'en reste plus qu'un Ecclesiastique qui demeure dans Grenoble. En 1323. Guillaume Lambert étoit Seigneur de la Bastie de Coindrieu, & en 1386. Estienne Lambert estoit Chastelain Royal de S. Simphorien d'Ozon. Louïs Portier eut des enfans de ses deux femmes, & il mourut le 24. de May 1442. comme il se justifie par le livre de raison de Iean son fils. Il avoit fait son testament le 29 de Decembre 1433. dans lequel il est dit originaire de Vienne & creé President en la Chambre des Comptes. Ses enfans furent.

Du premier lict.

Pilla.
Aquin.

1. Pernette Portier eut pour premier mary Noble Iean Pilla, fils d'autre Iean Pilla & de Pernette Saunier deuxiéme femme de Louys Portier son pere. Et le second mary de Pernette Portier fust Noble Petreman Aquin Secretaire Delphinal. De son second mary Pernette Portier eut un seul fils qui mourut sans posterité.

2. François Portier fust receu Docteur en l'Université de Montpellier le 8 d'Octobre 1435. soûs l'autorité de Robert Evêque de Magalonne; il est qualifié dans ses lettres, Noble, Sçavant, Bachelier aux loix, Citoyen de Grenoble, *& de natione Dominorum burgundorum.* Le 15. d'Octobre 1443. il fust fait Conseiller au Conseil Delphinal par lettres qui luy furent accordées par le Dauphin Louïs : Le même Dauphin qui fust ensuite Roy de France onziéme

du nom, eſtant venu en Dauphiné pour ſe faire recon-
noiſtre ſeul Maiſtre & Souverain de cette Province au pre-
judice du Roy Charles VII. ſon pere, eut beſoin d'amis &
d'argent; Portier fuſt l'un de ceux qui luy preſterent quelque ſomme & par lettres du 11. de Mars 1450. ce Prince
mande à Nicolas Erlant ſon Threſorier de Dauphiné de
payer comptant à ce François Portier qu'il nomme ſon
Conſeiller la ſomme de mille Florins qu'il luy avoit preſté
& baillé comptant dans ſes affaires. Ces lettres ſignées par
Monſeigneur le Dauphin Bochetel. Elles n'eurent point
d'effet comme je diray en un autre endroit. Portier fuſt
enſuite fait Preſident en la Chambre des Comptes, &
Procureur des trois Ordres de Dauphiné, & le Dauphin
ayant erigé le Conſeil Delphinal en Parlement, il en fut
creé Preſident unique, par lettres du 29. de Juillet 1453. &
en cette qualité il eſt nommé dans un Arreſt d'enterine-
ment & verification rendu par le même Parlement le 2. du
mois de Janvier 1455. de lettres patantes du Dauphin en
datte du 7 de Decembre 1454. portant ratification d'une ſeconde tranſaction faite avec ceux de la maiſon de Poitiers
& les Procureurs du Dauphin le même jour 7. de Decembre ſur les differens renouvellez touchant les Comtez de
Valentinois & de Diois. En ce temps-là le Roy Charles
VII. s'eſtant rendu à Vienne & à Saint Prieſt ſur les fron-
tieres de Dauphiné auprés de Lyon, pour remedier aux
déſordres que le Dauphin ſon fils avoit ſuſcitez contre luy
dans cette Province, manda à Portier de le venir voir,
l'obligea de luy rendre homage pour toute la Province en
qualité de Procureur des trois Ordres, & le chargea de
faire la recepte generale des Finances de Dauphiné en
ſon nom. Portier ne peut reſiſter aux Ordres du Roy; même le Dauphin qui eſtoit en Flandre y avoit conſenty par
ſes Ambaſſadeurs, & ceux du Duc de Bourgogne qui é-
toit dans ſon party. Dequoy neantmoins le Dauphin fut
tellement indigné qu'à ſon retour il le deſtitua de ſa char-

ge de Prefident au Parlement & mit à fa place Iean Baile en
1455. Celuy-cy ne demeura gueres dans cette charge
comme j'ay dit dans la Genealogie des Bailes Pellafol, &
Afpremont, & le Dauphin eftant monté fur le trône. il
confifca les biens de François Portier les donna à Humbert de Batetnay Baron du Bouchage fon Chambellan ;
ordonna que le procez luy feroit fait comme à un criminel de leze Majefté, & l'accufa de rebellion & de Felon-
nie. Cependant par les contredits donnez par le Procureur
General contre luy, on n'y voit autre accufation que celle
d'avoir fait homage au Roy, d'avoir fait exiger les Finâces
au nom de fa Majefté, d'avoir voulu retirer les Dauphinois
de l'obeïffance deüe au feul Dauphin par le tranfport de
la province de Dauphiné au premier fils de France, d'a-
voir ingratement quitté le party du Dauphin qui l'avoit
elevé dans la charge de Prefident en la Chambre
des Comptes, puis de fon parlement, pour fuivre
celuy du Roy de France qui n'avoit nul droit fur le
Dauphiné & autres chofes de cette nature. Aprés cette
difgrace François Portier vefcut quelque temps en homme privé & ne s'attacha plus qu'à l'étude ; mais il en fut
interrompu par le Baron du Bouchage, en faveur de qui
fes biens avoient efté confifquez ; au nom duquel il fut
pouffé en jugement, fut fair prifonnier & mené au fort de
Cornillon à une lieüe de Grenoble avec plufieurs Officiers & Gentilshommes de Dauphiné, que le Roy Louïs
avoit procripts par les mêmes principes qui faifoient le
pretendu crime de Portier. Celuy-cy mourut de regret,
au mois de Decembre de l'année 1462. Le Baron du
Bouchage fe trouvant puiffant, & ayant intereft à la con-
fifcation des biens de Portier obtint de fa Majefté que le
jugement du procez feroit continué, & fa faveur alla fi
avant que le Parlement de Grenoble avec quelques Com-
miffaires qui y furent adjoutez firent Arreft, comme je
feray voir en parlant de Iean Portier frere de ce François,
qui ne

qui ne fut point marié, au contraire il fut Ecclesiastique, Official de l'Evêché de Grenoble avant que d'entrer dans les charges, Prieur des Montagnes & de Saint André & Recteur des Chapelles de sa Maison.

3. Antoinette Portier fut femme de Noble Antoine le Maistre de la Coste Saint André.

*le Mai-
stre.*

Du deuxiéme Lict

4. Jean Portier fut le fils unique que Louïs Portier eut de Pernette Saunier sa deuxiéme femme, & il sera la matiere de la section suivante.

III. *Degré*

JEAN PORTIER II.
du Nom, Président en la Chambre des Comptes de Dauphiné.

Il resta fort jeune sous l'authorité de François son frere qui s'empara de ses biens qui estoient fort grands & specieux, ayant herité de sa mere Pernette Saunier qui avoit esté heritiere de Caterine Lambert son ayeulle. Il donna ses premieres années à la guerre & il servit le Dauphin en plusieurs rencontres aux armées de Piemont, de Vienne & autres; comme il se justifie d'un certificat donné le 13. de Novembre 1453. par Hugues de Bonnazel Capitaine de 100. lances sous le Prince Dauphin, où l'on void que *Jean Portier avoit servy le Dauphin en habillement d'homme d'armes, faisant une Lance tant en l'armée de Vienne sous le Maréchal de Dauphiné, que sous d'autres dans l'armée de Piemont,* & par Arrest rendu par le Dauphin en son Grand Conseil le 24. de Mars 1454. en faveur de la Noblesse de ce Jean, il est dit qu'il avoit bien servy ce Prince dans ses Armées. Par Arrest rendu au Parlement de Grenoble le dernier d'Avril 1461. en faveur de la Noblesse du même

E

Jean qualifié Président en la Chambre des Comptes, de Pierre Rolland, de Michel Caſſard, des Docteurs Avocats & Secretaires au même Parlement, il eſt encore fait mention des services precedemment rendus par Jean dans les armées du Dauphin. Guy Pape Juriſconſulte Dauphinois dans la 389. de ſes decisions dit en faveur du même Jean, & en raportant cét Arreſt que *tenebat à Domino noſtro Delphino multa feuda Nobilia, vivebat nobiliter, ſe armando in guerris dum per Principem cum aliis hujus Patriæ mandabatur & more Nobilium patriæ.* Cét Autheur le nomme encore Preſident aux Comptes. Je penſe que peu d'années aprés il perdit cette charge, car ſon frere eſtant mort à la fin de l'année 1462. & ſes biens ayant eſté confiſquez, celuy-cy fut accuſé d'avoir enlevé une partie des meubles, & pour ce ſujet il fut cité pardevant la Cour de Parlement, où il répondit le 12. de Fevrier 1463. & nya cét enlevement. Cependant quelques témoins ayant eſté ouys contre luy, il fut adjourné une ſeconde fois, & n'ayant oſé comparoiſtre ny à une troiſiéme aſſignation, au contraire ſe tenant caché dans le Cloiſtre de l'Egliſe de Noſtre-Dame de Grenoble, qui eſtoit alors ſervie par des Religieux de l'Ordre de Saint Auguſtin qui ſe ſont ſeculariſez dépuis, il fut condamné par Arreſt du même Parlement du 10. de Septembre 1464. à un banniſſement perpetuel de la Province, en cinq marc d'or d'amande envers le Roy, & en cinq onces d'or envers le Greffier Fiſcal nommé Aynard Pradel. Il eut encore ce deplaiſir de voir perſecuter ſon frere François aprés ſa mort, d'apprendre que l'on avoit confirmé les confiſcations faites de ſes biens, que l'on l'auroit condamné à avoir la teſte tranchée s'il eut eſté vivant, qu'il eſtoit condamné comme criminel de leze Majeſté par deux Arreſts du même Parlement du premier de Septembre & 12. d'Octobre 1465. & que tous les biens de ſa maiſon eſtoient poſſedez par le Comte du Bouchage à qui le Roy les avoit donnez; enfin voyant qu'il n'y avoit

plus de remede il fallut ceder au temps , il sortit de son
azille, se retira avec sa famille, tantost chez Jean Pilla , &
tantost chez Antoine du Motet ses beaux-freres, & n'o-
sant pourtant paroistre ouvertement, de crainte que l'Arrest de bannissement ne fut executé , il passa procuration
à Jean Pilla pour transiger avec Humbert de Baternay
Comte du Bouchage, ce qui fut fait par acte du 7 . d'Avril
1470. par lequel il fut promis deux mille escus au Comte :
Il fut dit qu'une vigne & un cellier situez dans la Ville de
Vienne appellez la Chaisne qui estoient au nombre des
biens qui estoient de la Maison des Portiers luy demeure-
roient, comme aussi tous les meubles qui avoient esté entre ses mains, & qu'il ne seroit parlé d'aucune restitution
des fruits que le Comte avoit retirez pendant qu'il avoit
joüy des biens confisquez. A cette transaction furent presens Nobles Joffrey de l'Eglise, Iean de Vantes, Antoine
Armuet Prevost de l'Eglise de Saint André de Grenoble,
Claude Coct Tresorier General de Dauphiné , Estienne
de Beaupont Procureur General du Parlement , François
de Cizerin, Jean du Motet , Rollet de Bardonenche Sacristain de l'Eglise de Nostre-Dame , & François du Motet. Elle fut receuë par le même Aynard Pradel Secretaire Delphinal. Cette transaction n'eut pas lieu, car le 2. de
Novembre suivant, Jean portier passa procuration à François du Motet son beaufrere pour transiger avec Baternay sur le même sujet. Enfin il y eut une seconde transaction, par laquelle il fut dit que les deux mille escus seroient payez au Comte, & que la vaisselle d'argent & les
meubles seroient rendus à Portier avec le reste des biens.
Ie n'ay pas veu cette derniere transaction , mais je l'apprends par les memoires de la maison , comme aussi que
les deux mille escus furent payez à Baternay le 5. de Fevrier 1473. que ce Comte avoit joüy du revenu des biens
dépuis 1462. jusques alors , & que nulle restitution n'en
fut faite, non plus que de la vigne & du cellier de Vienne

& de la vaiſſelle d'argent, & que ce Comte s'eſtoit pre-
valu de plus de 10. mille eſcus des biens des Portiers. Enfin le Roy Louys XI. eſtant mort les trois Ordres de Dauphiné ſe pourveurent à Charles 8. ſon ſucceſſeur pour remedier à tant de preſcriptions, & pourſuites, confiſcations,
procedures & jugemens faits contre pluſieurs perſonnes de
cette Province, & par declaration du 8. de Mars 1483. Sa Ma-
jeſte les caſſa & annulla, & declara que l'hommage rendu
au Roy Charles VII. ſon ayeul par ſes ſujets de Dauphiné
eſtoit juſte & legitime. Cette declaration étant favorable
à Jean Portier, il mit en cauſe Baternay, luy demanda la
reſtitution de ſon bien, mais ce Comte eſtant auſſi puiſſant
ſous ce Roy de qui il eſtoit encore Chambellan qu'il l'a-
voit eſté ſous ſon predeceſſeur, il reſiſta long-temps à cette
reſtitution & empeſcha que Portier n'eut juſtice, neāmoins
le Parlement de Grenoble eſtant ſur le point de la rendre
il éluda le coup, perſuada au Roy que parmy ceux qui a-
voient eſté accuſez ſous le Regne de Loüis XI. il y en avoit
dont le crime meritoit punition, que le Parlement de
Grenoble & tous ceux de la province de Dauphiné étoient
ſuſpects, puiſqu'ils eſtoient tous recourans, & qu'il eſtoit
neceſſaire de donner des Commiſſaires eſtrangers, tellement que le Roy Charles VIII. commit par ſes Lettres du
26. de May 1495. ſix Conſeillers du Parlement de Paris
pour venir en Dauphiné proceder à la reviſion des procez
intentez & même jugez contre differentes perſonnes
de cette province ſous le Regne de ſon predeceſſeur
& particulierement contre les Portiers. Ie ne ſçay pas ſi
cette commiſſion eut effet, la même année Iean Portier
mourut, ſes ſucceſſeurs ont pourſuivy Baternay & ſes heritiers pardevant le Parlement de Grenoble & ailleurs.
I'ay veu toutes les pieces du procez, dans leſquelles j'ay tiré une partie de ce que j'ay cy-deſſus remarqué. Ie n'ay
point trouvé de fin à toutes ces formalitez ; tellement que
j'ay lieu de croire que la reſtitution demandée par ce Iean,

par Guiges & Antoine ſes enfants & par Iacques & Loüis
fils de Guigues eſt encore à faire. Iean avoit eſpouſé le
16. de Novembre 1446. Bonne du Motet, fille de Noble *Motet.*
George du Motet & de Iordane Armuet de Bon-repos, *Armuet.*
de laquelle il eut onze enfans. Il teſta le 9. Septembre
1495. & par ſon teſtament j'apprends qu'il laiſſa.

1. Guigues qui a continué la poſterité.

2. Antoine paſſa Docteur dans l'Univerſité de Pavie, le
11. d'Avril 1502. ayant eſtudié ſous François Curtius & Hyerome de Buctigeles, celebres Iuriſconſultes : Il mourut
n'ayant point eſté marié le 14. d'Aouſt 1505.

3. Madelaine fut la premiere femme de Noble André
de Morges Seigneur de la Mote & du Chaſtelard par con- *Morges.*
tract du 13. de Mars 1481.

GUIGUES PORTIER,
Echanſon du Roy & Controlleur
General des Finances & du De-
maine en Dauphiné.

IV. Degré

Voulant épouſer Marguerite Actuyer ſa parente, fille *Actuyer.*
de Noble Jean Actuyer, il obtint diſpenſe du Vicelegat
d'Avignon par un Bref du 3. d'Aouſt 1466. Le contract
de mariage & la conſtitution de la dot ſe firent le 2. de
Iuillet 1482. où Guigues eſt qualifié Chambrier & Eſ-
chanſon du Roy. Il fut pourveu de la Chaſtellenie Royalle de Mens en Trieves par Lettres du 5. de Decembre
1491. que luy en accorda Iaques de Miolans Gouverneur de Dauphiné, en laquelle n'ayant pû eſtre receu, Noble Guy de Chaſteauvieux s'y eſtant oppoſé ; le même
Gouverneur par d'autres Lettres du 4. d'Avril 1492. ad-
dreſſées au Parlement, ordonna qu'il en joüiroit avec tous
les privileges & toutes les prerogatives, & qu'il y ſeroit
receu. Cés Lettres ſignées *par Monſeigneur le Gouverneur*
& Lieutenant General les Seigneurs de Servе, du Mollard, &

E iij

autres presens, *VENTOLLET*, où Guigues Portier est encore qualifié Eschanson du Roy. Enfin par Arrest du Parlement de Grenoble du 27. de Juillet suivant, Chasteau-vieux fut debouté, & Portier maintenu & receu. Il testa conjointement avec Marguerite Actuyer sa femme le 10. de Novembre 1500. Et cette même année y ayant dans Rome un grand Iubilé, il y alla avec sa femme, & demeura trois mois malade en chemin. Il fut Contrôlleur General des Finances & du domaine de Dauphiné, il est ainsi qualifié dans son testament, & par un certificat donné à ses heritiers aprés sa mort par les Officiers de la Chambre des Comptes le 8. de May 1505. Il mourut un Ieudy 8. de Iuin 1502. Sa femme luy survécut, & elle estoit encore vivante en 1520. dans laquelle année & le 7. de Mars elle contracta avec Iacques & Loüis Portier ses enfans. Les memoires de la maison portent qu'ils eurent 4. fils & 5. filles ; mais par leur testament je ne trouve que les enfans qui suivent.

1. Iacques dont je parleray.

2. Loüis Conseiller & Maistre Auditeur en la Chambre des Comptes de Dauphiné, receu le 14. d'Aoust 1511. aprés la resignation que Iacques son frere luy avoit faite de cet Office. Il fut marié avec Françoise de la Colombiere, fille de Noble Aymar de la Colombiere, & de Madelaine Mistral. De ce mariage naquirent Bertrand & Olivier qui n'ont laissé aucune posterité.

Colombiere.
Mistral.

3. Iean fut Ecclesiastique, & l'an 1505. il fut pourveu du Rectorat des Chapelles de Saint Pierre, de Saint Paul, & de Saint Christophle, fondées aux portes de l'Eglise Cathedralle de Nôtre-Dame de Grenoble par les Sauniers, & reparées par Bonne Pilla sœur uterine de Iean Portier 2. du nom, dont j'ay cy-devant parlé.

4. Loüise fut la premiere Religieuse du Monastere de Sainte Claire de Grenoble, fondé par la fille du President Baile.

5. Ieanne fut femme de Noble Ioachim Caſſard fils Caſſard.
unique de Noble Claude Caſſard Citoyen de Grenoble,
& de Louyſe d'Avallon par contract de mariage du 9. de
Fevrier 1501. d'où Ieanne, Enemonde, Guicharde, &
Guigonne Caſſard. Guigonne mariée à Noble Henry
Materon, auquel elle enfanta Antoine, Artus, Claude Ni-
cette, & Laurence Materon.

6. Suſanne eut pour mary Noble George de Saint Mar- Saint
cel Conſeiller au Parlement de Grenoble & Garde des Marcel.
Seaux.

V. Degré

IACQUES PORTIER,
Seigneur de Brie Auditeur en
la Chambre des Comptes de Dau-
phiné, Conſeiller & Secretaire
du Roy & de la Regente, & ſeul
Secretaire du Gouvernement de
la même Province.

Le 3. de Decembre 1507. il fut pourveu de la Charge
d'Auditeur en la Chambre des Comptes ſur la reſigna-
tion qui luy avoit eſté faite le 16. d'Octobre 1506. par Noble Eſtienne Audric qui en eſtoit titulaire; & il le remit
à ſon frere Loüis en 1511. comme j'ay dit. Le Roy Loüis
XII. luy infeoda la Chaſtelenie Royalle de Chamſaur,
Montorſier & Montauquier en Dauphiné, par Lettres du
4. d'Aouſt de l'année 1511. & il en rendit hommage à Sa
Majeſté le 5. de May 1514. Le Roy François I. luy con-
firma cette infeodation par autres Lettres du 8. d'Aouſt
1515. Cette Chaſtelenie avoit eſté poſſedée l'an 1442.
par Noble Caterin Doncieu Seigneur de Dieſmoz Conſeiller & Chambellan du Roy. En 1480. par Noble Pierre de Mons. En 1485. par Noble Gilles Ameyſin. En 1490.
par Noble Humbert de Mons fils de ce Pierre. En 1499.
par Noble François de Mons frere d'Humbert. En 1500.
par Noble Louys Portier frere de Iacques. En 1511. & le

8. Ianvier par Noble Eftienne Vallier. Ce changement de mains eftoit caufé par les obftacles qui fe rencontroient dans la joüiffance de cette charge, foit par les Habitans des lieux, ou par le Procureur General du Roy qui pretendoit qu'il eftoit deub certains droits annuels à Sa Majefté ; & pour furmonter toutes les difficultez & lever toutes les charges attachées à cette Chaftelenie, Iacques Portier offrit au Roy de luy quitter les 1000. florins que François Portier fon grand oncle avoit prefté au Dauphin Louys fon ayeul, & de ne luy rien demander de ce qui luy pouvoit eftre deub, pour les pertes & frais qu'il avoit faits en Italie fous le regne du feu Roy Louys XII. Sous ces conditions le Roy luy fit une autre infeodation de la même Chaftelenie par Lettres du 17 d'Avril 1516. & l'affranchit de toutes charges ; mais Portier n'en peut jamais joüir paifiblement, & aprés avoir fouffert de grands procez pour ce fujet, laffé des dépances qu'il falloit faire, il la refigna à Bertrand fon neveu, comme j'ay dit cy-devant, où il ne demeura gueres, car il mourut quelques mois aprés, & la charge fut impetrée par Antoine Carles qui s'en fit pourvoir par le Gouverneur de la province. J'ay dit que Iacques avoit fervy le Roy Loüis XII. en Italie, & pour le juftifier je deduiray la teneur de certaines Lettres royaux par luy prifes le 27. de Iuin 1514. où il eft enoncé que *ledit Roy Louys XII. eftant dernierement paffé delà les Monts au mois de May en fon armée pour le recouvrement de fon Eftat de Milan, ledit Portier fut envoyé par les Lieutenans Generaux en la ville de Pavie, pour d'icelle envoyer des vivres à l'armée, où faifant faſdite commiffion, l'armée qui eftoit devant Novarre fut defaite ; c'eft pourquoy ledit Portier fut contraint de fe retirer dans le Chafteau de Pavie, parce que la nouvelle de la deroute de l'armée eftoit arrivée à Pavie. La Ville fe revolta, & le Chafteau fut affiegé, où eftoient Charles de Salliers fieur de Morete en Piemont, Philippes de Gony fieur de Hauby Capitaine de 500 hommes de Pavie avanturiers, Iean Damel fieur*

de la Gravelle son Lieutenant, Nicole de Paris son porteur d'Enseigne, Iean Francisque de Milan porteur de Guidon de la Compagnie de Theodore Trivulce, & ledit Portier avec 30. ou 40. chevaux legers arbanez pour tenir & demeurer en garnison dans led. Chasteau, mais ne pouvant tenir ils furent obligez de se rendre à Maximilian usurpateur de l'Estat de Milan à composition qui fut la vie sauve seulement, qu'ils sortiroient sans rançon pour se retirer avec un baston blanc à la main, mais que la pluspart d'eux fut mise à Novarre dans des basses fosses, particulierement lesdits Solliers & Portier à qui on fit mille injures & indignitez jusques à leur brûler la plante des pieds. Qu'estant sortis de Novarre & menez à Ast ledit Maximilian leur auroit fait donner la liberté sans rançon, que neantmoins ledit Solliers auroit persuadé à Portier qu'il falloit rançon, que Portier n'ayant point d'argent, Solliers se seroit obligé à payer pour luy & en auroit tiré une cedulle & promesse par écrit de la somme de 330. escus Soleil; cependant Portier ayant sçeu qu'il n'avoit rien donné ny pour l'un ny pour l'autre, il auroit impetré lesdites Lettres Royaux pour estre relevé de ladite cedulle. Par cette déduction on apprend une partie des services que Jacques Portier avoit rendus au Roy Loüis XII. en Italie. Il luy en rédit encore beaucoup d'autres en France & ailleurs, car sa Majesté avoit une grande confiance en luy estant l'un de ses Secretaires Ordinaires, & l'on void par des Lettres du 13. de Mars 1513. qu'elle le commit pour luy mener une Demoiselle appellée Françoise Chamyn de Chasteaubriant en Bretagne *pour sçavoir d'elle la verité de certaines choses qui touchoient grandement Sa Majesté.* C'est ainsi que la commission en parle. Parmy beaucoup d'actes que j'ay veu Portier est nommé Conseiller & Secretaire du Roy, & en d'autres Conseiller Ordinaire. Il fut aussi fait Conseiller & Secretaire de la Reyne Anne de Bretagne troisiéme femme de ce Roy par Lettres du 7. de Decembre 1514. Et aussi seul Secretaire du Gouvernement de Dauphiné par Lettres du 20. de Septembre 1515. que luy fit expédier Loüis Duc de Lon-

F

gueville qui en estoit Gouverneur. Il continua d'être Conseiller & Secretaire du Roy François I. qui par Lettres du
20. de Septembre 1516. ordonna au Tresorier tant du
Royaume que de Dauphiné, de luy payer ses gages reve-
nans à six sols parisis de l'Ordonnance. Outre la Chastelenie de Champsaur, Montauquier & Montorsiers il fut
aussi pourveu de celle de Moretel & de Goncellin, par
Lettres du 26. de Fevrier 1514. (Chastelenie en Dauphiné,
c'est-à-dire Gouvernement & particulierement dans les
terres dépendantes du Domaine Delphinal.) Enfin Jacques Portier ayant partagé les biens de sa maison avec
Loüis son frere par divers Contracts des années 1515. &
1518. & autres (où l'on voit que malgré les fâcheuses
conjonctures il restoit de grands & de beaux biens dans
la famille) Il songea à se marier & jetta la yeux sur la vefve de Noble Jean Servient Seigneur de Biviers, appellée
Caterine Morard fille de Noble Jean Morard Conseiller au
même Parlement, & de Marguerite Sauret sa femme,
mais comme il luy avoit porté un enfant en Baptême il
fallut avoir dispance, qu'il obtint du Pape Leon X. en
Novembre 1518. Il l'épousa le 27. Decembre 1519. Dans
le contract de mariage il est qualifié Maistre d'Hostel de
Louyse de Savoye Duchesse d'Anjou & de Tours Regente du Royaume, & mere du Roy François I. Cette Morard resta sa vefve en 1529. auquel têps & le 15. de Juillet
elle fut nommée tutrice des enfans qu'elle avoit eu de Jacques son mary consistans en deux filles, sçavoir

1. Guigonne qui suit.
2. Caterine mourut jeune.

Morard (margin)

Sauret. (margin)

GUIGONNE PORTIER,

VI. Degré   *Dame de Brie & de Chevrieres.*

Elle fut laissée à l'âge de 5. ans sous la tutelle de sa mere. En 1541. elle Epousa Noble Folix Guerre dit la Croix

la Croix. (margin)

Conseiller du Roy & son Avocat General au Parlement
de Grenoble. En 1548. elle se pourveut au Roy *pour avoir
le remboursement de ce que son pere avoit perdu lors de sa prise
dans la Lombardie, sçavoir en or, argent monoyé, chaisnes &
bagues, la somme de 300. escus d'or, en robes pourpoints, saies de
drap de soye & autres accoustremens, la valleur de 200. escus,
en chevaux & montures six vingt escus, en debtes, papiers, cedules
tant à luy que d'autres appartenans, & qu'il avoit en garde la
somme de six cent escus qu'il luy auroit convenu depuis payer à ceux
qui le luy avoient baillé, & pour sa rançon la somme de trois cent
trante escus soleil qui luy avoient esté prestez par Charles de Solliers Chevallier Seigneur de Morette le 7. Fevrier 1514. comme
aussi de mille florins que François Portier son grand oncle avoit
presté au Roy Louys XI. n'estant que Dauphin.* De toutes lesquelles sommes elle demandoit le remboursement atten-
du que son pere n'avoit pas pû jouïr de la Chastelenie de
Champsaur, Montorsier & Montauquier qui luy avoit é-
té infeodée pour ce sujet: sur quoy le Roy Henry II. fit
rendre Arrest en son Conseil le premier de Decembre
1549. portant que sur la demande de Guigonne il en seroit donné avis à sa Majesté par ses Gens des Comptes de
Dauphiné. Ce qui fut fait le 17. de Mars 1550. & toutes
ces sommes furent reglées à celle de quinze cent cinquante neuf livres tournois que sa Majesté par Lettres du 14.
de Septembre suivant Ordonna luy estre payée par son
Receveur General de Dauphiné. Felix de la Croix son
mary fut obligé de prester quelque somme au Roy, bien-
loin d'avoir le remboursement de ce qui estoit deub à sa
femme, & je trouve que ce qui fut deub à ces deux ma-
riez alla jusques à neuf mille livres & davantage, une
partie en a esté payé comme j'ay veu par quelques quit-
tances; je ne sçay pas si le reste l'a esté. J'ay parlé de Felix
de la Croix dans la Genealogie de cette Maison.

ARZAC.

D'Argent à trois Bandes de Gueules au Chef d'Or,
chargé d'un Aigle de Sable.

ALLIANCES.

BERTRAND.	GARCIN.
BLANC.	GROLEE.
BLOU.	JOMARON.
BOCSOZEL.	MEFFREY.
BOFFIN.	MEYRIE.
BOISSET.	MOTET.
BOVIER.	MOYET.
BOURGES.	MURINAIS.
BRUNIER.	NEYRIEU.
La CHAPELLE.	PAYN.
CHAPONAY.	PONNAT.
CHASTELAR.	La PORTE.
CLAVESON.	POTERLAT.
Du CLOT.	RUE.
COSTAING.	SERVIENT.
La CROIX.	TOURNET.
DODIEU.	DUVACHE.
FAY.	VALLIN.
FUSIER.	VEHYER.

ARBRE GENEALOGIQUE

PREMIERE BRANCHE,

QUI EST CELLE

DE LA CARDONNIERE.

Simonet 1439.
Marie de la Chapelle.

Antoine 1478. Michel. Charles. Marguerite. Ieanne. Françoise. Claudine.
Antoinette de la Meyerie.

Humbert 1487.	Iaques	Philippine.	Claudine,	Beatrix.
Felize de Vallin.	a fait branche		ou Caterine	
	à S. Marcellin.		Robert de	
			Chastellard.	

Pierre 1556.	Humbert	Charles.	Sebastienne.	Claude.	Marguerite.
Marguerite	a fait les		Ponson Duclot.		Gabriel de
Vchier.	Branches				Poterlat.
	du Savel.				

Aymard 1591.	Antoinette.
Ieanne de Blou.	François de
	Clavefon.

François. Philippes. Claude. Agnes. Iean. Alexandrine. Louyse. Chastel.
Susanne   Charlote
de Bourges.   Dovier.

Antoine. Charles. Baltesard. Bertrand.

Humbert II. du nom 1562.
Antoinette Servient.

Iaques 1603.	Iean.	Anne.	Philippes	Ieanne	Hyerome.
Françoise Blanc.			Religieuse.	Religieuse	Benoite Serriere.

Soffrey 1647.	Françoise.	Heleine.		Claudine,	Françoise
Ieanne de	François de	Iean-Nicolas		Charles	Marguerite
Bocsosel.	Chastellard.	de Tournon		du Moret.	de Fusier.

Thomas.	François.	Anne.	Olimpe.	Louyse.	Gaspard.	Felicien.	Hyerome.
Marie-Isabeau	Isabeau de						
de Garcin.	Meffrey.						

QUATRIE'ME BRANCHE,

QUI EST CELLE

DE S. MARCELLIN.

Iaques 1505.

François. André. Charles. Eynard 1527. Huguette.
Claudine de Ruë.

Ioachim.   Enemond 1529.
Claudine Coſtaing.   Florence Payn.

Barbe. Antoinette. Iſabeau.   Anne. Marg. Iean 1593. Ioachim, Claudine.
Iean   Iean de   Nicolas de   Ieanne Boiſſet. Eccl.
de la   Brunier.   Chaponay.
Croix.

François 1660.   Guilemette.
Marguerite
Moyet.

Marguerite.   Iean-François.   Gabrielle.

HISTOIRE

ET

PREUVES.

ES memoires de cette famille difent, qu'elle eft d'Italie & qu'il y en a encore de même nom & d'Armoiries fembla- bles à Mantouë & à Milan. Hyerome d'Arzac Evêque de Nyce & Aufmônier d'Eleonor d'Auftriche femme de Fran- çois I. Roy de France, recommanda Joa- chim d'Arzac Vibailly de faint Marcellin à Frederic Duc de Mantouë & l'avoüa fon parant ; c'eft le fujet pour le- quel Frederic le fit Citoyen de Mantouë par lettres du 20. de Mars 1533. Les Arzacs de Dauphiné ont pris foin de faire extraire divers actes à Mantouë & à Milan pour é- tablir la confideration dans laquelle ont efté les Arzacs d'Italie où je trouve en 1539. un Galeace d'Arzac Patrice de Milan en 1608. un Jean-Pierre d'Arzac Chevalier de l'Ordre de faint Maurice & Lazare fils de Clement d'Arzac Iurifconfulte, Quefteur & Receveur General des Finances extraordinaires de l'Eftat de Milan, à qui Phi- lippes III. Roy d'Efpagne accorda une penfion. Un Henry d'Arzac fils du même Clement receu parmy les Iurifcon- fultes Comtes & Chevaliers du même Eftat en 1590. un Henry d'Arzac fils de Henry qualifié Illuftre en 1618. & deux Archevêques de Milan nommez Arnoux & Cu- ribert.

G

Il n'y a pas lieu de douter que la famille des Arzacs d'Italie ne soit Noble & Illustre aprés des témoignages si évidens, elle porte mêmes armes que celle de Dauphiné, mais ne trouvant aucun acte positif qui puisse m'apprendre que ceux de cette Province en sont sortis je n'iray pas si loin chercher leur origine. Ie me tiendray à ce que les titres m'ont apris & je commanceray à Simonet d'Arzac du lieu de *Chaste* auprés de Saint Marcelin duquel les branches qui nous restent sont descenduës. Elles consistent en quatre, sçavoir Arzac la *Cardonniere*, Arzac Seigneur du Savel, Arzac dit du Savel, & Arzac du lieu de Saint Marcellin.

SIMONET D'ARZAC,
du lieu de Chaste *auprés de S.* Marcellin.

I. Degré

la Cha-　Marie de la *Chapelle* fut sa femme, & il en fait mention
pelle.　dans son testament du 24. de Iuin 1439. comme aussi de ses enfans dont voicy les noms.

　1. Michel mort sans posterité.
　2. Antoine qui a continué.
　3. Charles mourut à la journée de saint Aubin.
　4. Marguerite.
　5. Ieanne.
　6. Françoise.
　7. Claudine.

ANTOINE D'ARZAC,
dit Simonet.

II. Degré.

Fut consideré par le Dauphin Loüis, & servit ce Prince estant Roy XI. du nom, avec beaucoup de reputation. Il en acquit aussi en Italie sous *Charles* VIII. où il commanda quelques soldats, & il combatit à la journée de *Meerie.*　Fornoüe. Sa femme fut Antoinette de la Meerie. Il testa le 11. d'Aoust 1511. & eut pour enfans.

1. Humbert qui fuit.
2. Iacques qui a fait branche.
3. Philipinne.
4. Claudine ou Caterine, femme de Noble Robert de Chaftelart du lieu de S. Bonnet mandement de S. Lattier. *Chafte-lart.*
5. Beatrix.

HUMBERT D'ARZAC
III. Degré. *de la Cardonniere.*

Il contracta mariage le 18. de Fevrier 1487. avec Fe-life de Vallin, fille de Noble Hugues de Vallin du lieu de *Vallin.* Saint Marcellin, & de Louyfe de la Porte, & fœur de No- *la Porte.* ble Pierre de Vallin. Il fut tué en Italie dans un combat contre les Efpagnols, & mourut avant Antoine fon pere, qui fait mention dans fon teftament que j'ay cy-deffus allegué des enfans que ce Humbert fon fils avoit laiffez, qui furent.

1. Pierre qui aura fon chapitre.
2. Humbert qui a fait la branche du Savel.
3. Charles fut tué à la bataille de Pavie.
4. Sebaftienne fut femme de Noble Ponfon Duclot *du Clot.* du lieu de Roiffas, comme il fe tire du teftament de ce Duclot en datte du 18. d'Avril 1555.
5. Claude.
6. Marguerite mariée à Noble Gabriel de Poterlat, *Poterlat.* par contract du dernier de Septembre 1502.

PIERRE D'ARZAC,
IV. Degré. *Seigneur de la Maifon forte de la Cardonniere au Mandement de Chatte.*

Il eut pour femme Marguerite Vehyer, fille de Noble *Vehyer.* Jean Vehyer du lieu de Saint Jean en Royans, par con-tract du 9. de Mars 1532. Il tefta le 15. de Iuillet 1556.

G ij

Sa femme avoit esté mariée en premieres nopces avec

Bertrãd. Noble Iean Bertrand sieur de Chartronnieres. Et estant vefve de l'un & de l'autre, elle testa en 1572. Les enfans que Pierre d'Arzac eut d'elle furent.

Claveso.

1. Aymar dont je parleray.
2. Antoinette mariée à Noble François de Claveson.

AYMAR D'ARZAC,

V. Degré   *dit Vehyer Seigneur de la Maison forte de la Cardonniere.*

Il se signala aux guerres de la ligue & particulierement dans le Royanois qu'il défendit en faveur des Catholiques.

Blou. Son contract de mariage avec Ieanne de Blou fille de

Fay. François de Blou de Laval, Escuyer ; & de Claudine de Fay est du 23. de Ianvier 1561. Il testa le 15. de Novembre 1591. & laissa

1. François.
2. Philippes.
3. Claude.
4. Iacques qui a continué la posterité.
5. Iean.

Bovier. 6. Charles Epousa Charlote de Bovier, laquelle estant restée veuve sans enfans se remaria à Noble Gaspard de

Marrel. Marrel. Elle testa le 15. de Ianvier 1604.

7. Alexandrine.
8. Louyse.

IACQUES D'ARZAC,

VI. Degré   *Seigneur de la Maison Forte de la Cardonniere.*

Bourges. Eut plusieurs emplois honnorables tant dans la Cavallerie que dans l'Infanterie. Sa femme fut Susanne de Bourges, fille de Noble François de Bourges Escuyer de la Ville de Lyon ; & vefve d'Estienne Segueuyn Escuyer. Leur con-

cract de mariage fut paſſé le 17. de Iuillet 1611. Il teſta le
25. de Iuin 1624. les enfans qu'il a laiſſé ſont

1. Antoine.
2. Charles.
3. Balthezard qui ſuit.
4. Bertrand.

BALTESARD D'ARZAC,
VII. Degré.   *Seigneur de la Cardonniere.*

Il y a plus de 40. ans qu'il ſert. Il a eſté Guidon des
Gens d'Armes du Cardinal Mazarin, puis Meſtre de Camp
d'un de ſes Regimens de Cavallerie, Commiſſaire General de la Cavalerie, Marechal de Camp des Armées du
Roy, Lieutenant General, & enfin Meſtre de Camp General de la Cavallerie Legere de France par la mort du
Marquis de Renel tué devant Cambray l'an 1677. Par tout
il a fait des merveilles & a toûjours eſté eſtimé par le Roy
& par les Generaux ſous leſquels il a ſervy. Il fut fait priſonnier avec le Marechal de la Ferté lors du premier ſiege
de Valanciennes, & dans la bataille de Montcaſſel ga-
gnée par Monſieur Frere unique du Roy, la même année 1677. il commandoit toute la Cavalerie & à combattu à l'aiſle droite ſous le Marechal d'Humieres.

❦❦❦❦❦❦❦❦❦❦❦❦❦❦❦❦❦❦❦❦❦❦

ARZAC DU SAVEL,
II. BRANCHE.

IV. Degré.   HUMBERT D'ARZAC *II. du Nom*

Il eſtoit fils puis-né de Noble Humbert d'Arzac premier du nom, & de Felize de Vallin; & il eut pour femme Antoinette Servient dite du Savel. L'un & l'autre te- *Servient*

sterent par un même acte le 5. d'Aouſt 1568. Il eſt fait mention dans leur teſtament de Jeanne & d'Heleine Servient ſœurs de la teſtatrice, & des enfans ſuivans.

1. Jaques qui a continué.
2. Jean.
3. Anne.
4. Hyerôme qui a fait branche.
5. Philipinne Religieuſe au Monaſtere de Clavas.
6. Jeanne Religieuſe au Monaſtere de ſaint André de Vienne de l'Ordre de ſaint Benoit.

V. Degré.
JAQUES D'ARZAC,
Seigneur de la Maiſon forte du Savel.

Blanc. Par une tranſaction du 7. d'Avril 1603. faite entre Françoiſe Blanc & Soffrey d'Arzac ſon fils, j'aprens qu'elle avoit eſté mariée à Jaques d'Arzac qui fait la matiere de cette ſection. C'eſt ce qui eſt encore mentionné dans le teſtament d'Humbert d'Arzac ſon beaupere. De cette alliance vinrent.

1. Soffrey qui ſuit,
Chaſte-lart. 2. Françoiſe femme de Noble François de Chaſtelart du lieu de Maubec.
Tournet. 3. Heleine fut mariée à Noble Jean-Nicolas de Tournet.
du Motet 4. Claudine femme de N. Charles du Motet.

VI. Degré.
SOFFREY D'ARZAC,
Seigneur de la maiſon forte du Savel.

Bocſozel Jeanne de Bocſozel eſtant ſa vefve, elle fit une donation entre vifs à Thomas d'Arzac ſon fils le 16. de Septembre 1647. Cette Bocſozel eſtoit fille de Noble Joffrey

de Bocſozel *Conſeiller* au Parlement de Grenoble, Seigneur du *Chaſtellard* & d'Eydoche, & de Jeanne de Murinais. Les enfans qu'elle a eu de Soffrey d'Arzac ſont. *Marinais*

1. Thomas qualifié Lieutenant Colonel au Regiment
Dugaz dans la donnation que ſa mere luy fait. Il a eſté
marié avec Marie-Izabeau de Garcin, fille de Noble An- *Garcin.*
toine de Garcin ſieur de ſaint Germain, & de Guilemette de Grolée, & a des enfans. *Grolée.*

2. François a Epouſé Izabeau de Meffrey, fille de No- *Meffrey.*
ble Iacques de Meffrey ſieur de Ceſarges, & de Caterine
de Neyrieu, & a des enfans. *Neyrieu.*

3. Abeſſe du Monaſtere de Laval-Breſſieu
transferé à la Coſte ſaint André

***

ARZAC DU SAVEL,
III· BRANCHE.

HYEROME D'ARZAC,
V. Degré.   *dit du Savel,*

Fils de Humbert d'Arzac deuxiéme du nom, & d'Antoinette Servient du Savel. Il eut de Benoite Serriere.

FRANCOIS D'ARZAC,
VI. Degré   *dit du Savel, ſieur de Villevert.*

Lequel contracta mariage le 7. de Mars 1631. avec
Marguerite de Fuſier, fille de Noble Pierre de Fuſier du *Fuſier.*
lieu de la Buiſſiere & de Claudine Boffin. Il a teſté le 20. *Boffin.*
de Juillet 1640. & a laiſſé,

1. Felicien eſt marié & a des enfans.
2. Hyerome eſt marié & a des enfans.

3. Gaſpard.
4. Louyſe.
5. Olimpe.
6. Anne.

ARZAC DE S. MARCELLIN.
IV. BRANCHE.

III. Degré. JACQUES D'ARZAC.

Il eſtoit fils de Noble Antoine d'Arzac & il mourut a-
vant ſon pere, comme il ſe juſtifie par le teſtament de ſond.
pere, où il fait mention des enfans que Jacques ſon fils
avoit laiſſez qui eſtoient nommez.

1. François.
2. André.
3. Charles.
4. Eynard qui a continué.
5. Guillaume.
6. Huguette.

IV. Degré. EYNARD D'ARZAC.

Ruë. Eut pour femme Claudine de Ruë, fille d'Eſtienne, &
petite fille d'Antoine de Ruë du lieu de Saint Marcellin :
De cette famille de Ruë il a eu Joachim de Ruë Conſeiller Maiſtre des Comptes en Dauphiné, neveu de Claudine, lequel d'Alix du Vache ſa femme laiſſa une fille unique nommée Anne de Ruë, qui fut mariée à Jean de Iomaron Conſeiller au Parlement de Grenoble auquel elle
Iomaron enfanta Anne de Iomaron femme de François de Ponnat
Ponnat. Doyen du même Parlement. L'alliance de cette Claudi-

ne de Ruë avec Eynard d'Arzac eſt juſtifiée par une re-
connoiſſance paſſée en faveur de leurs enfans le penultiéme d'Octobre 1527.

1. Ioachim d'Arzac Conſeiller du Roy Lieutenant General Civil & Criminel du Baillage du bas Viennois &
Valantinois au Siege Royal & Preſidial de ſaint Marcellin, eut pour femme Claudine de Coſtaing de Puſignan, *Coſtaing*
fille de Noble Hector de Coſtaing, & d'Iſabelle Dodieu, *Dodieu,*
de laquelle il n'eut que trois filles. La premiere appellée
Antoinette d'Arzac mariée à Noble Iean de Brunier Sei- *Brunier.*
gneur de Larnage. La deuxiéme nommée Izabeau fut *Chapo-*
femme de Noble Gaſpard de Chaponay Seigneur de ſaint *nay.*
Bonnet. Et la troiſieme eut nom Barbe, qui eut pour mary Iean de la Croix de Chevrieres, Preſident au Parlement *la Croix.*
de Dauphiné, lequel aprés la mort de ſa femme fut fait
Evêque de Grenoble.

2. Enemond qui a continué.

V. Degré   ENEMOND D'ARZAC.

Celuy-cy & Ioachim ſon frere firent renouveller leurs
reconnoiſſances en 1529. dans le preambule deſquelles
ils ſont nommez heritiers d'Eynard. Enemond eut pour
femme Florence Payn qualifiée Noble dans une revente *Payn.*
du 17. de Septembre 1537. & ſon mary Eſcuyer. Il eſt encore qualifié Eſcuyer dans un contract d'acquiſition du
22. d'Avril 1560. Sa femme teſta le premier de Iuillet
1573. étant ſa vefve; & elle nomme les enfans ſuivans,

1. Iean.

2. Ioachim Religieux de ſaint Ruf & Prieur du Prio-
ré de ſaint Vallier Protonotaire du ſaint siege.

3. Claudine.

4. Marguerite.

5. Anne.

H

VI. Degré.   IEAN D'ARZAC.

Testa le 22. de Septembre 1593. Il fait mention de Ieanne Boisset sa femme & de ses enfans.

1. François.

du Vache   2. Guillemette femme de Noble Estienne du Vache, & mere de Jean, Président en la Chambre des Comptes Seigneur de Lalbenc.

VII. Degré   JEAN D'ARZAC.

Sa femme fut Marguerite Moyet, laquelle estant sa vefve fit une donnation entre vifs le 2. d'Avril 1660 à Jean-François son fils. Ce pere & ce fils y sont tous deux qualifiez Nobles. Par la même donnation, la donnatrice se reserve quelque somme pour ses deux filles.

1. Iean-François.
2. Gabrielle.
3. Marguerite.

VIII. Degré   IEAN-FRANÇOIS D'ARZAC,
Conseiller du Roy & Assesseur au Baillage de Saint Marcellin.

Les Communautez de saint Marcellin & de Chevrieres, où il a du bien, luy ayant contesté sa qualité pardevant Messire François Dugué Intendant de Dauphiné & Commissaire departy par Sa Majesté pour la verification des titres de Noblesse dans la même Province : Il les a fait débouter & il a esté declaré Ancien Noble par un jugement contradictoire du dernier d'Aoust 1668. Il est marié & a des enfans.

CHISSE'.

Parti d'Or & de Gueules à un Lyon de Sable brochant sur le tout.
Il y a des branches en Savoye qui chargent l'épaule du
Lyon d'une Fleur de Lys d'Argent, qu'on tient
estre une concession.

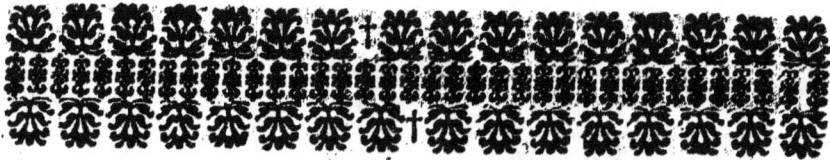

ALLIANCES.

ALLEMAN.
BALME.
BAR.
BARDONNENCHE.
BARONAT.
BEAUMONT.
BELLEGARDE.
BERENGER.
BIEU.
BLANCHELAINE.
BOTOLIEV.
BOURCHENU.
BRIANCON.
BRUEL.
CHALANT.
CHASTILLON.
CHISSE'.
De CHAVNES.
La CROIX.
DISY.
DODIEV.
FRENAY.
FRENOIX.

GEX.
GRAINS.
GUIFFRAY.
LESTANG.
LOCHES.
LUCINGE.
MADELAIN.
MARECHAL.
MENTHON.
MONTCASSEY.
MONTELARD.
MONTEYNARD.
MONTFERRAND.
ORLEANS.
POLINGE.
RICHARD.
SACONAY.
SAINT-JOIRE.
SAINTE-COLOMBE.
THOIRE.
THUVIE.
VEGNY.

ARBRE GENEALOGIQVE.

Henry 1240.

Roller.

Pierre 1301.　　　Iean 1309.
Molette de Chiſſé.

　　　Rodolphe 1340.　　　Aymé.　　　Pierre.

　　　Henry 1366.　　Meyner.　Giraud.　Iean.
　　　Gelmonde de　　　　　　　　　Evêque de Grenoble.
　　　Lucinge.
　　　Françoiſe de Bardonnenche.

Raymon.　Iean.　Humbert 1435.　Raoul.　Pierre.　Guillaume.

　　　Nicod.　　　Pierre.

Claude.　Eynard,　Pierre.　Angelin.
　　　　　Ecclef.

Louys.　Antoine.　François 1458.　Guillemette.　Georgette.　Ieanne.
　　　　　　　　　　　　　　　Reforciat de　Iean de　François
　　　　　　　　　　　　　　　Beaumont.　Briançon.　de Mon-
　　　　　　　　　　　　　　　Claude de　　　　　taynard.
　　　　　　　　　　　　　　　Berenger.

Raymon 1501.　Iean.　Françoiſe Religieuſe.

François.　Iacques.　Ioffrey.　Iean.　Pierre 1549.　Chriſtophle.　Amedée.
　　　　　　　　　　　　　　　Louyſe de
　　　　　　　　　　　　　　　Baronat.　　　　　　　　　　Humbert.

　　　　　　　　　　　　　　　　　　　　　　　　　Philippes.

　　　　　　　　　　　　　　　　　　　　　　　　　Antoinette.

Iean.　Michel 1582.　Laurent.　Theodore.　Ieanne.
　　　Claudine de
　　　Montaynard.

Ioachim 1609.　　　Marciane.　Claudine.
Diane de Leſtang.　　　　　　　Felix de la Croix.

Pierre. Ioachim. Octavian. Chriſtophle. Ioſeph. Marguerite.
　　　　　　　　　　　　　　　　　　　　　Claude de Chaulnes.

HISTOIRE

ET

PREUVES.

LA Savoye a eu plusieurs Branches de cette famille, entr'autres celles de Polinge, de Filinge, de Corbieres, de Servoz, de Tramblet, de Salanges &c. Le Dauphiné en a une qui est celle de la Marcousse, à l'occasion de laquelle je donne cette Genealogie. Il y a une Tour dans le Foucigny qu'on nomme de Chissé apparemment comme elle a appartenu à cette Maison Elle luy a donné son nom.

Je souhaiterois pour la satisfaction de ceux qui prendront la peine de lire mon ouvrage de pouvoir articuler tous les dergez des branches de cette Maison qui sont en Savoye avec les preuves que je tâche de joindre à tout ce que j'allegue; mais n'estant pas sur les lieux pour les extraire avec fidelité je suis obligé de donner seulement ce qui m'en a esté communiqué.

Charles-Auguste de Sales Evêque & Prince de Geneve qui a composé le pourpris Historique, contenant la Genealogie de sa Maison, parle en divers endroits de la famille de Chissé & mêmes fort avantageusement: Voicy ce qu'il en dit dans le Pied 5. de la Toise 6. du Pan 2. Elle a donné des Archevêques à la Tarentaise, des Evesques à Grenoble, quantité de Chanoines à l'Eglise Cathedrale de Geneve, des Prevots à l'Eglise de saint Gilles de Vernice, de grands Religieux à l'Ordre de saint Benoist, des

Comtes, des Barons, des Chevaliers, des Chambellans & des Capitaines au service des Rois de France & d'Espagne, & des Ducs de Savoye. Elle a donné des femmes aux Nobles Maisons de la Palu, de Rogement, de Renguis, de Chastillon, de Saconay & de Fromentes : Elle en a pris des Nobles Maisons de Chalant, de Breul, de Montferrand, de Granyer, de Bellegarde & de Braccio.

Guichenon dans son Histoire de Bresse parle aussi en divers endroits de cette famille & énonce plusieurs alliances.

Ie trouve dans les memoires qui m'ont esté communiquez & dans le même Evêque de Geneve, que les Habitans de Geneve ont plusieurs fois pillé, brûlé & saccagé le Chasteau de Polinges & que les papiers ont esté enveloppez dans ces désordres.

I. Degré   HENRY de CHISSE',
Seigneur de Salanges.

Il vivoit environ l'an 1240. & Nicolas Chorier dans son Histoire de Dauphiné le met témoin dans un acte de cette année-là & du 16. d'Avril.

Ie trouve à même temps Albert de Chissé qui eut pour fils Pierre de Chissé vivant l'an 1301. & pour fille Alix de Chissé mariée à Noble Humbert de Rogemont. Pierre *Rogemont.* fut pere de Guichard mentionné dans des actes de 1350. Guichard eut pour enfans d'Alix sa femme Robert vivant l'an 1372. Falcoz 1361. Nicolas 1375. & Rollet. Ce Rollet fut pere de Pierre qui vivoit l'an 1391.

Dans le même temps de Henry j'ay encore rencontré un Pierre de Chissé qui fut pere de Jean qui l'a esté de Nicollette qui Epousa un autre Pierre de Chissé dont je *Chissé.* parleray. Voicy le fils de Henry.

II. Degré   ROLLET *de* CHISSE'.

Il eſt mentionné dans le contract de mariage de Pierre ſon fils. Il en eut deux ſçavoir.

Chiſſé.   1. Pierre qui en 1301. épouſa Nicolette de Chiſſé fille de Jean dont j'ay precedemment fait mention. Il ne laiſſa pas de poſterité qui me ſoit connuë.

    2. Jean l'a continuée.

III. Degré   IEAN *de* CHISSE'.
                           Premier du Nom.

Il vivoit l'an 1309. & laiſſa.

    1. Rodolphe qui ſuit.

    2. Aymé en 1309. paſſa contract avec Rodolphe ſon frere.

    3. Pierre a fait la branche de Salanges, de laquelle eſtoit Aymon Evêque de Grenoble, qui a fait baſtir l'Hoſtel Dieu de ladite Ville, & par ſon teſtament il en commit les Conſuls & le Conſeil de Grenoble Adminiſtrateurs. Il a relevé avec quelque ornement la ſepulture des Evêques. Il a fondé une Meſſe dans l'Egliſe Cathedrale à perpetuité, qui ſe dit tous les jours à ſept heures du matin. Il mourut en 1408. De cette même branche eſt derivée celle de Filinge, qui a produit un autre Aymon Evêque de la même Ville qui a fait baſtir le quartier du Palais Epiſcopal joignant l'Egliſe Paroiſſialle de Saint Hugues & de Saint Iean qui eſt attachée à la Cathedrale, comme auſſi celuy de l'entrée du même Palais. Les murailles, les lambris & les couverts ſont auſſi des marques de ſes reparations, & on y voit les Armes de ſa maiſon en divers endroits. Il eſtoit le 55. Evêque. Avant luy il y avoit eu Rodolphe de Chiſſé Evêque de la même Ville, d'une branche cadette de Salanges.

IV. Degré RODOLPHE *de* CHISSE',
Premier du Nom.

Celuy-cy & Aymé son frere sont dits fils de Jean dans un contract de 1309. Il eut

1. Henry qui aura son chapitre.
2. Meynet.
3. Giraud.
4. Jean fut Evêque de Grenoble, tellement qu'il y en a eu 4. de cette famille. Claude Balme Chanoine qui a donné le roolle des Evêques de ce Diocese, dit qu'il estoit de la branche de la Marcousse; peut être à cause qu'il estoit oncle de celuy qui a commencé cette branche. Quoy qu'il en soit cét Evêque siegeoit en l'an 1343. Il fut le mobile du transport de Dauphiné au fils aisné du Roy de France & détacha ceux qui estoient du party du Pape & du Comte de Savoye pour les reduire au sien. Le Roy en reconnoissance luy accorda & à ses successeurs Evêques à perpetuité la qualité de President des Estats de la Province.

V. Degré. HENRY *de* CHISSE',
Premier du Nom.

Dans un contract de vente qui fut fait en sa faveur en 1339. Il est qualifié fils de Rodolphe, il fut approuvé par Humbert Dauphin Baron de Foucigny. Il testa en 1366. Il est fait mention de Gelmonde de Lucinge sa pre- *Lucinge.* miere femme, & de Françoise de Bardonnenche sa secon- *Bardon-* de femme. Ie ne sçay pas laquelle luy procrea. *nenche.*

1. Raymon qui continua la branche des Seigneurs de Po- linges, de laquelle, il y en a eu d'autres que je ne puis dé- duire avec fidelité pour n'avoir pas veus les titres. Celuy- cy Bpousa en 1382. l'heritiere de Polinges & ses succes- *Polinges* seurs se sont alliez aux Maisons de Thoyre, de Menthon, de

I

Marechal, de Vergny, de Richard, de Chalant, de Bruel, de Grains, de Sacconay, de Montferrand, de Dify, de Bellegarde, de Martin, de Loche, de Portier, de Monon, de saint Joyre, de Botolier, de Rides & de Bieu.

Chiffé.   2. Jean qui fut pere de Caterine de Chiffé mariée à Noble Pierre de Chiffé fils de Guillaume.

3. Humbert a fait la branche de laquelle est derivée celle de la Marcousse, & fera la matiere du 6. degré.

4. Rodolphe ou Raoul a aussi fait branche que je laisse à part pour n'avoir pas eu communication des titres.

5. Pierre. Il y a eu contract fait entre celuy-cy, Humbert & Guillaume ses freres de l'an 1408.

6. Guillaume.

Pierre & Iacquemar furent bastards.

VI. Degré.   HUMBERT de CHISSE'.
Seigneur de Servoz.

Les memoires qui m'ont esté donnez ne m'apprennent point son alliance. Il fut heritier de Giraud son oncle & dans un contract passé en 1435. qu'il estoit déja fort vieux, il est qualifié neveu & heritier de ce Giraud. La tradition porte qu'il herita de Iean de Chiffé Evéque de Grenoble son oncle, & c'est le sujet pour lequel ses successeurs passerent en Dauphiné. Il eut pour enfans.

1. Nicod qui suit.

2. Pierre-Angelin.

VII. Degré   NICOD de CHISSE'.
Seigneur de Servoz.

Ie ne sçay point de qu'elle femme il eut ses enfans.

1. Angelin n'eut que trois filles, sçavoir Guillemette *Beaumõt* mariée en premieres nopces avec Reforciat de Beaumont Seigneur de saint Quentin, & en secondes nopces à Clau-

de de Berenger Seigneur du Gaz, tous deux Gentishom-
mes de Dauphiné. Georgette Epousa Iean de Briançon
Seigneur de Varce, aussi Gentihomme de cette Provin-
ce. Ieanne eut pour mary François de Montaynard Sei-
gneur de Prebois, Gentilhomme du même pays.

Berenger *Brian-*
çon. *Montay-*
nard.

   2. Claude aura son chapitre.

   3. Eynard Chanoine de l'Eglise de Nostre-Dame de
Grenoble.

   4. Pierre de Chissé Courrier de la Ville de Grenoble.

VIII. Degré.   **CLAUDE** *de* **CHISSE'.**
              dit Jaillet Seigneur du Tremblet.

Il eut trois enfans d'une femme qui ne m'est pas con-
nuë : il vivoit l'an 1443.

   1. Loüis de Chissé dit Jaillet eut un fils nommé com-
me luy qui mourut sans posterité.

   2. Antoine de Chissé dit Jaillet.

   3. François a continué.

IX. Degré   **FRANCOIS** *de* **CHISSE'.**

Dans un contract de l'année 1458. il est qualifié fils de
Noble Claude de Chissé. Il fut appellé dans la Ville de
Grenoble par Angelin de Chissé Seigneur de Servoz son
oncle qui y avoit quelques biens qui avoient appartenu à
Jean de Chissé qui en estoit Evéque, & de qui l'ayeul
d'Angellin avoit herité. Par contract de mariage du 9. de
Fevrier 1442. ce François Epousa Aynarde de la Balme,
vefve de Noble Humbert Alleman, en presence de No-
bles Jean de Bardonnenche Prieur de Corenc, d'Eynard
de Chissé Chanoine à Nostre-Dame, Pierre de Chissé
Courrier de Grenoble, Mermet de Chissé, qui estoit
fils de Jean de Chissé Seigneur de Polinges, François de

La Balme
Alleman

                              I ij

Chiſſé , François Varnier dit Poulent , & Claude Leuſ-
ſon du lieu de ſaint Marcellin. Il en eut d'enfans.

1. Raymon dont je parleray.

2. Jean Chambellan du Roy Louys XII. qui teſta l'an
1499. & le 6. de Janvier, fait heritier Raymon ſon frere.
Bourche Il avoit eſté marié avec Eve de Bourchenu , fille de No-
r.u. ble Antoine de Bourchenu & d'Alix de Montaynard.
Montay-
nard 3. Françoiſe Religieuſe à Montfleury.

X. *Degré* RAYMON *de* CHISSE'.

Il alla habiter dans la Paroiſſe de Polienas au Baillage
de ſaint Marcellin ſur les Rives de l'Iſere du coſté du cou-
chant : Il s'allia par contract du 28. d'Avril 1507. avec
Gaiffrey. Louyſe de Guiffrey , fille de Noble Amedée de Guiffrey
Guiffrey. de Goncelin,&deFrançoiſe de Guiffrey-Boutieres ſa femme. Il teſta le 12. d'Avril 1518. & laiſſa.

1. François.
2. Jacques.
3. Joffrey Religieux de Mont-majeur.
4. Jean.
5. Pierre qui a continué.
6. Chriſtophle.
7. Amedée.
8. Humbert.
9. Philippes.
10. Antoinette.

XI. *Degré.*   PIERRE *de* CHISSE',
Seigneur de la Marcouſſe
Chevalier de l'Ordre du Roy
& Gentilhomme Ordinaire
de ſa Chambre.

Il contracta mariage le 11. de Janvier 1549. avec Louy-
Baronnat ſe de Baronnat fille deClaude deBaronnat Chevalier Sei-

gneur de Polomieux & de policnas & de Claudine Dodieu. *Dodieu.*
Il fut fait Gentilhomme Ordinaire de la Chambre du
Roy, par Brevet du 20. d'Octobre 1565. Chevalier de
l'Ordre de saint Michel par un autre Brevet du 29. de Mars
1568. & Gouverneur de Romans par un troisiéme Brevet
du 29. d'Avril suivant. Il fut aussi Gouverneur de la Ville
de Grenoble & Lieutenant au Gouvernement d'Anjou.
Dans son testament qui est du 6. de May 1567. il prend
toutes ces qualitez, comme aussi celle de Lieutenant de
100. Hommes d'Armes des Ordonnances de sa Majesté
sous le Comte de Lude : Il mourut à Angers où l'on voit
son tombeau. Il eut pour enfans.

1. Jean.
2. Michel qui sera mentionné cy-aprés.
3. Laurent.
4. Theodore.
5. Jeanne.
6. Claudine mariée à Noble Jean-Jacques de Maubec. *Maubec.*

XII. Degré

MICHEL *de* **CHISSE',**
Chevalier Seigneur de la Mar-
cousse, Enseigne de la Compa-
gnie des cent Hommes d'Armes
du sieur de Maugiron & Gouver-
neur de Gap.

Il s'allia par contract du 17. de Fevrier 1582. avec *Montay-*
Claudine de Montaynard, fille de Guy de Montaynard *nard.*
Chevalier de l'Ordre du Roy, Seigneur de Marcieux, &
de Joachine de Guiffrey de Boutieres, fille du Celebre *Guiffrey.*
Boutieres Lieutenant General & seul Commandant
l'Armée d'Italie, & arriere-niece du Chevallier Bayard.
Elle estoit de l'ancienne famille de Montaynard, qui conte parmy ses alliances celles des Comtes de Die, des Marquis de Montferrat, & de la plus grande partie des testes

Couronnées de l'Europe, parce que Marguerite de Mont-ferrat femme d'Hector de Montaynard avoit eu pour a-yeuls les Roys de France, d'Arragon, de Maïorque, de Hongrie, d'Armenie & autres, & estoit de la race des Paleologues Empereurs de Constantinople. Il testa le 18. d'Octobre 1585. & sa femme le 21. de Juillet 1616. Ils eurent pour enfans.

   1. Joachim qui suit.

   2. Marianne.

la Croix Chevrieres.   3. Claudine, femme de Felix de la Croix Chevalier Seigneurs de Chevrieres, dont j'ay fait mention dans la Genealogie de la Croix.

JOACHIM de CHISSE'

XIII Degré.   *Seigneur de la Marcousse.*

Lestang. Sa femme fut Diane de Lestang, fille d'Antoine de Lestang Seigneur de Lestang, de Moras & de Lentiol, Chevalier de l'Ordre du Roy, & l'un de ses Chambellans, & de Mar-*Sainte Colombe* guerite de sainte Colombe de Piney; & il l'épousa par contract du 18. de Iuillet 1609. Il a testé le 29. de Iuillet 1636. & a laissé.

   1. Pierre mourut à Grenoble.

   2. Ioachim est mort sans avoir esté marié.

   3. Octavian Mestre de Camp d'un Regiment de Cavalerie, mort dépuis quelques années sans avoir esté marié, & aprés avoir donné des marques de sa valeur en plusieurs campagnes pour le service du Roy, & avoir esté Maréchal de Camp dans l'armée destinée au siege d'Estampes.

   4. Christophle est mort à Casal aprés s'estre signalé.

   5. Ioseph a servy dans les Armées du Roy en qualité de Mestre de Camp d'un Regiment de Cavalerie estranger; s'est trouvé en plusieurs sieges, batailles & rencontres, & s'est acquis beaucoup de reputation par les mar-

ques de valleur qu'il a données.

6. Marguerite époufa Claude de Chaulnes Efcuyer, *Chaul-*
ancien Préfident au Bureau des Finances de Dauphiné, *nes.*
de qui l'Efprit, la bonté & la generofité luy avoient autant acquis d'amis qu'il y a d'honneftes gens qui le con-
noiffoient. Ie luy fuis redevable de mille marques de
fon amitié, & fa mort m'a efté extrémement fenfible. Il
a un fils qui luy a fuccedé en fa Charge, & un autre Ec-
clefiaftique, une fille Religieufe à Montfleury & une autre mariée avec le fieur de Guimetieres.

SAYVE.

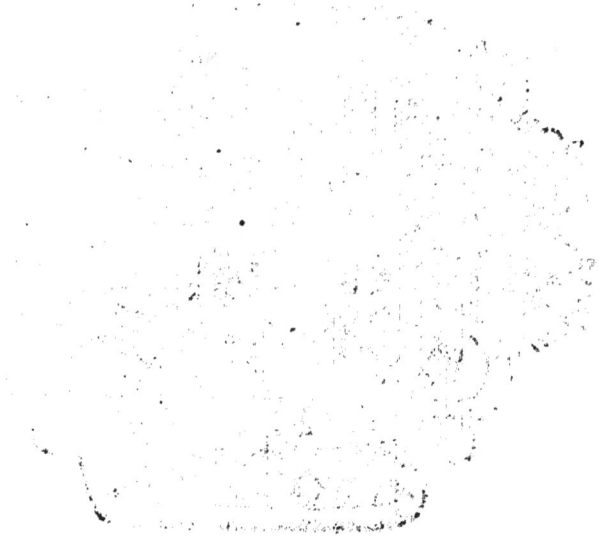

D'Azur à une Bande d'Argent, chargée de trois
Couleuvres de Gueules.

ALLIANCES.

AUMONT.	JACQUOT.
BAILLET.	LITEAUT.
Le BELLIN.	LULLIN.
La BERAUDIERE.	NOYDAN.
BOVESSEAU.	RECOURT.
CHAMSEY.	SAINT AGNES.
La CROIX.	SAINT RIVIER.
FILSJEAN.	SAUMAISE.
GIGOT.	SIREDEY.
GIROUD.	VIENNE.
Le GRAND.	VILLE.
GUIOTAT.	VISANT.

K

ARBRE GENEALOGIQVE.
PREMIERE BRANCHE,
QVI EST CELLE
DE VESVROTTE.

Gafpard 1360.
Marie de Ville.

Iean.
Antoinette
de Lullin.

Giraud.
Caterine de S. Rivier.

Gafpard.　Thomas.　　　　Pierre.　Iean 1423.　　Angelique.
　　　　　Caterine de la　　　　　Marguerite
　　　　　Beraudiere.　　　　　　de S. Agnés.

Pierre .1448.
Françoife de Vifant.

Iean II. 1494.
Marguerite de Chamfey.
Anne de Liteaut.

Pierre II. 1518.　　Iacques.　　Philippes,
Aiglantine de　　　　　　　　　Eccl.
Noydan.

Iean III 1526.　Eftienne 1548. Dreux. Iacques, Girard, Charlotte. Pierrette
Philiberte　　　Chreftienne　　　　　 Eccl.　Eccl.　Benigne　François
Boüeffeau.　　de Recourt.　　　　　　　　　　　Iacquot.　d'Aumont

Olivier.　Marce.　　　Iean IV. 1567.　　Nicolas　　　Difdier.
　　　　　　　　　　Françoife Filfjean.　a fait branche.

Girard. Philippes. Marie.　Marguerite.　Caterine.　Chriftine.
　　　　　　　　Siredey.　Gigot.　　Saumaize.　le Belin.

DEUXIE'ME BRANCHE,

QUI EST CELLE

DECHIGEY & DE LA MOTTE.

Nicolas 1574.
Marie Guiotat.

Iacques 1615.	Claude.	Pierre.
Barbe Giroud.	Elizabeth de Iacquot.	
	Christine le Grand.	

Marie.	Henry.	Madelaine.	Pierre.	Iacques.
Iean de la Croix	Marguerite	Gabriel de		
de Chevrieres.	de Vienne.	la Croix.		

René-Bernard.	Henry.	Iean.	Henry.	Marguerite.	Marie.

HISTOIRE

ET

PREUVES.

J'Entreprend la Genealogie d'une famille qui a tiré son nom du Marquisat de Sayve l'un des plus anciens des Estats du Duc de Savoye, & qui estant passée en Bourgogne y a tenu un rang si considerable qu'elle n'y a veu au dessus d'elle que les seuls Princes. Sa gloire & son éclat n'ont pas moins esté un effet de sa valleur qu'un rayon des plus hautes Charges de la Magistrature, dans lesquelles on la veu élevée. Et je puis dire qu'elle a toûjours esté l'honneur de sa patrie, l'appuy de l'Estat, le refuge des Gens de Lettres & l'amour de tout le monde. Voyons maintenant quels ont esté ceux qui l'ont composée.

I. Degré.   **GASPARD de SAYVE,**
              Chevalier Marquis de Sayve.

Ville.   Epousa Marie de Ville, fille de Charles Marquis de Ville d'une des plus considerables familles de Savoye, & de Ferrare, & de laquelle nous avons veu de nos jours Guy de Ville Marquis de Cillan Lieutenant General dans les Armées de France; & auprés du Pape Vrbain VIII. & General de la Cavallerie de son Altesse de Savoye. De cette alliance il y eut

   1. Jean de Sayve Marquis de Sayve, qui d'Antoinet-
Lullin. te de Lullin, fille de Gabriel Marquis de Lullin, laissa une

grande posterité qui continua dans les Estats de Savoye.

2. Girard aura son chapitre particulier, parce que c'est de luy dont est descenduë la branche de Bourgogne que je décris.

II. Degré   ### GIRARD de SAYVE.
Chevalier, Seigneur de Saint Andrea & de la Grava.

Ces terres furent son appanage. Il epousa Catherine de *S. Rivier* saint Rivier d'Entragues, fille d'Olivier de saint Rivier Baron d'Entragues, par contract du 2. de Fevrier 1399. Il estoit aimé du jeune Comte Amé VIII. & fut l'un de ceux qui l'accompagnerent à Tournus lors qu'il y fut pour conclurre son mariage avec la fille du Duc de Bourgogne. Il eut pour enfans.

1. Gaspard Seigneur de saint Andrea, se signala contre le Marquis de Saluces, & le Comte Amé ayant suscité une guerre contre Eudes & Boniface Marquis de Sayve ses parens il fut obligé de les secourir. Il mourut en reputation d'un vaillant homme sans avoir esté marié.

2. Thomas Seigneur de la Grava puis de saint Andra après la mort de son frere, n'eut pas des enfans de Caterine de la Beraudiere sa femme.   *Berau-diere.*

3. Pierre mourut jeune.

4. Jean a continué.

5. Angelique.

III. Degré.   ### JEAN de SAYVE.

Comme il fut cadet de sa Maison son partage dans les successions de son pere & de sa mere fut petit. Il prit le party de la guerre & si accoustuma de bonne heure ; car à peine eut il quatorze ans qu'il suivit les Trouppes que le Duc de Savoye envoya en Allemagne contre les Hussites en 1423. & ayant le Commandement de quelques Troupes, il les mena contre le Marquis de Montferrat & passa en Flandre en faveur du Duc de Bourgogne à la teste de cent Hommes. A son retour estant dans la Comté de Bourgogne il y devint amoureux de Marguerite de S. *S. Agnes.* Agnes, fille de Charles Seigneur de saint Agnes & du fief de Savigny en Revermont. Il l'épousa & en eut.

IV. *Degré.*   PIERRE *de* SAYVE,
                               Seigneur de saint Agnes & du
                               Fief de Savigny.

Qui se fit remarquer en la journée des Harancs où il commandoit un Corps d'Infanterie. Il épousa le premier *visant.* de Janvier 1448. Françoise de Visant, fille de Charles de Visant Escuyer du Duc de Bourgogne, & en eut.

V. *Degré.*   JEAN *de* SAYVE II.
                               du Nom, Chevalier Seigneur
                               de saint Agnes & du Fief de
                               Savigny.

Fut Capitaine de cent Hommes d'Armes pour le Duc Charles de Bourgogne lors de la guerre des Liegeois étant encore fort jeune. Il eut deux femmes, la premiere fut *Chamsey* Marguerite de Chamsey, fille de Jean Conseiller au Parlement de Paris qu'il épousa le 4. d'Aoust 1488. La secon- *Liteaut.* de fut Anne de Liteaut, fille de Philippes de Liteaut d'une famille de la Comté de Bourgogne, avec laquelle il contracta mariage le 12. d'Avril 1494. Aprés ces alliances il eut une Compagnie de chevaux Legers dans la guerre de la Croisade, & à son retour il fut fait Gouverneur du Château de saint Laurent de la Roche en la Comté de Bourgogne, où il souftint quatres sieges qu'il fit lever, & dans le dernier il eut la jambe emportée d'un coup de canon.

Voicy fes enfans.

Du Premier lict.

1. Pierre qui fuit.

Du fecond lict.

2. Jacques mourut fans alliances.
3. Philippes Religieux.

PIERRE de SAYVE II.

VI. Degré. *du Nom, Seigneur de faint Agnes, de Flavigny, de Vefurotte & du Fief de Savigny.*

Charles de Chamfey Confeiller au Parlement de Paris fon oncle eut foin de fon éducation & luy donna les terres de Flavigny & de Vefurotte. Il fut extrémement confideré par les Habitans de la Ville de Dijon où il s'eftoit étably. Il fut leur Vicomte Majeur pendant plus de 20. ans & mania leurs affaires pendant les défordres de la guerre des Suiffes qui affiegerent Dijon. Ce fut par fes confeils que le traitté fait avec eux le 3. d'Aouft 1518. fut fait;& que la Trimoüille qui commandoit les Trouppes du Roy évita plufieurs perils où les ennemis le vouloient reduire. Il fut marié avec Aiglantine de Noydan, fille de Charles de Noydan & petite fille de Jean de Noydan fondateur d'une Chapelle qui eft derriere le grand Autel de la fainte Chapelle de Dijon. De cette alliance il y eut. *Noydan.*

1. Jean de Sayve Chevalier Seigneur de Flavignerot, de Buffi & de la Motte-Palliers, Confeiller du Roy en fes Confeils, Prefident au Parlement de Bourgogne aprés y avoir efté fecond Advocat General en 1522. puis Premier Advocat General en 1526. & enfin Prefident en 1551. Pierre Palliot mon bon amy le nomme Jacques en fon Hiftoire du Parlement de Bourgogne, & fi je l'appelle Jean c'eft fur la foy d'un Arbre Genealogique que j'ay

Bouef-
seau.

veu. Il eut pour femme Philiberte Bouesseau Dame de Barjon & le Fossé, fille de Thomas Bouesseau Conseiller au même Parlement, pour fils Olivier de Sayve Advocat General au même Parlement l'an 1551. & pour fille Marie. Il est enterré en sa Chapelle des Cordeliers à Dijon, où l'on voit son Epitaphe en ces termes.

Hic dormit amicus vester cujus spiritus nunquam quievit vestris precibus agite à fratres & amici carissimi vt nunc in pace quiescat 29. Octob. 1559.
Ceterum vt non vita tantum verum & mortis socia fieret Nobilis quondam Domina Philiberta Bouesseau ejus conjunx eodem quoque loco corpus sepulturæ dari voluit.

2. Estienne a continué.
3. Dreux Président au Présidial de Melun.
4. Jacques Abbé de sainte Marguerite.
5. Girard Abbé de la Buissiere.

Jacquot

6. Charlote eut pour Epoux Benigne de Jacquot Seigneur de Neuilly d'Auliny, d'Aix & de Maigny.

Aumont.

7. Pierrette épouse de François d'Aumont Capitaine de cent Hommes d'Armes.

VII. Degré.

ESTIENNE de SAYVE,

Seigneur de Fesurotte, d'Echigey de Couchey & de Chamblanc Conseiller du Roy au Parlement de Bourgogne.

Il fut pourveu de cette charge le 23. d'Octobre & receu le 27. de Novembre 1527. & y rendit de signalés services à l'Estat lors des guerres de la ligue. En consideration dequoy le Roy luy donna cent pied d'arbres propres à bastir, à prendre en la forest de la Piece pour rebastir son cha-

fteau d'Echigey qui avoit efté brûlé au paffage des Rei-
ftres. Il eut d'importantes commiffions, & celle où il fut
employé pour demander à la Nobleffe de Bourgogne le
10. de fes revenus pour la rançon du Roy François premier n'eft pas des moins confiderables. Il époufa l'an 1548
Chreftienne de Recourt, fille de Nicolas de Recourt Seigneur d'Echigey & de Chamblanc. Il eut pour enfans.   *Recourt.*

1   Jean aura fon chapitre.
2. Nicolas a fait branche.
3. Difdier *Confeiller* au même Parlement l'an 1571.

JEAN *de* **SAYVE** III.
VIII. Deré.   *du Nom, Seigneur de Vefvrotte,*
Confeiller au même Parlement.

Il eft nommé François par le fieur Palliot qui dit qu'il
fut receu en cette charge l'an 1567. Il époufa Françoife
Filsjean,& en eut.   *Filsjean.*

1. Girard qui fuit.
2. Philippes, Chanoine de la fainte Chapelle de Dijon ,Prieur de Combertault.
3. Marie a époufé   Siredey.   *Siredey.*
4. Marguerite femme de   Gigot.   *Gigot.*
5. Caterine a contracté mariage avec   de Saumaife. *Saumai-fe.*
6. Chriftine marié à   le Belin.   *le Belin.*

GIRARD *de* **SAYVE**,
IX. Degré.   *Seigneur de Vefvrotte, Confeil.*
ler au même Parlement.

Le fieur Palliot le fait fils d'Eftienne, ce qui s'accorde
mal aux memoires qu'on m'a donnez.

L

❧❧❧❧❧❧❧❧❧❧❧❧❧❧❧❧❧❧❧❧❧❧❧❧❧

SAYVE ESCHIGEY ET LA MOTTE.
II. BRANCHE.

VIII. Degré.

NICOLAS *de* SAYVE,
Seigneur d'Echigey & de Cham-
blanc , Conseiller du Roy en son
Grand Conseil, Intendant dans ses
Armées.

Guiotat.

Estoit fils puisnay d'Estienne de Sayve & de Chrestien-
ne de Recourt. Il fut receu Conseiller au Grand Conseil
l'an 1574. Il épousa Marie Guiotat, fille de Jacques Guiotat Seigneur de Les-Daurées & de Chevanay, Conseiller
du Roy au même Grand Conseil, par contract de mariage
du 6. de Mars 1579. Il fut Intendant dans les Armées du
Roy, où par divers certificats que j'ay veus , j'ay appris
qu'il avoit servy plusieurs années tant pour les milices que
pour plusieurs negociations ; & le Roy Henry IV. ayant
sçeu que pour s'estre trop fatigué à son service il estoit devenu paralitique , luy accorda par Lettres Patantes qu'il
joüiroit de son Office de Conseiller au Grand Conseil
pendant sa vie, & luy donna les biens du sieur de Flavignerot qui avoient esté confisquez. Il fut pere de

Giroud.

Baillet.

1. Jacques de Sayve *Chevalier Seigneur d'Echigey,*
de Chamblanc & de Couchay, Conseiller au Grand Conseil l'an 1610. puis President à Mortier au Parlement de
Bourgogne l'an 1615. eut pour femme Barbe Giroud, fille
de Benoit Giroud President à Mortier au même Parlement & de Madelaine Baillet. Il a eu pour fille unique

Marie de Sayve Epoufe de Jean de la Croix de Chevrieres, *la Croix de Che-* Chevalier, Comte de faint Vallier, Prefident à Mortier *vrieres.* au Parlement de Grenoble.

2. Claude a continué.

3. Pierre Seigneur de Les-Daurées de Buiffiere & de Tronçois-Sire, Baron de Thil & de Bullenay, Conneftable hereditaire de Bourgogne, premier Capitaine au Regiment d'Anguien, Gouverneur pour le Roy de la Ville de Flavigny, mort fans avoir efté marié, aprés avoir fervy le Roy tres-long-temps, & s'eftre avantageufement fignalé au fiege de Salfe commandant le même Regiment. Il fut auffi Capitaine au Regiment des Gardes de fa Majefté.

XI. Degré.

CLAUDE *de* SAYVE,
Chevalier Baron de Chevanay, Comte de la Motte, Confeiller au Grand Confeil, puis premier Prefident en la Chambre des Comptes de Bourgogne.

A eu deux femmes la premiere fut Elizabet de Jacquot *Jaquot.* fille de Benigne de Jacquot, Seigneur d'Aix, de Nevilly, d'Aubigny & de la Nivelle, premier Prefident en la même Chambre des Comptes & le quatriéme de fa famille qui a poffedé cette charge. La feconde a efté Chriftine le Grand, fille de Jacques le Grand, Seigneur d'Alufe d'Y- *le Grand* futhil & de Marnay, Confeiller du Roy en fes Confeils & premier Prefident en la même Chambre des Comptes. Il époufa la premiere en 1626. & eut.

Du premier Lict.

1. Henry qui fuit.
2. Madelaine a pour mary Gabriel de la Croix, Che- *la Croix* valier Seigneur de Pifançon, Confeiller du Roy en fes Confeils, Prefident à Mortier au Parlement de Grenoble.

Du second Lict.

3. Pierre de Sayve Chevalier, Seigneur de Les-Daurées de Nevilly, Chevanay, Gevilly, Vermoulin & la
Chaleur, Comte de la Motte, fut Lieutenant au Regiment des Gardes, puis Colonel d'un Regiment d'Infanterie qui portoit son nom, à la teste duquel il a rendu des
services tres-confiderables lors des guerres de Flandres, de
la Comté de Bourgogne & de la Holande. Il fit une ac-
tion digne de remarque lors du siege de l'Isle où il repouffa
les ennemis après une sortie jusques à la porte de la Place.
Il se logea sur la contrescarpe de Dole avec une fermeté
admirable, dont le Roy fut si content qu'il luy fit dire par
le Marquis de Gadaignes qu'il chercheroit les occasions
de l'en recompenser, qu'il pouvoit s'en asseurer & l'en
faire ressouvenir. Sa Majesté luy donna encore des marques de son estime & de son affection lors du siege de
Narden où il estoit avec le Regiment d'Infanterie appellé
autrefois le petit Navailles & dont il estoit alors Colonel.
A sa teste le Comte de la Motte fit trois sorties de la place
avec tant de succez qu'il nettoya toujours la tranchée, &
quoy qu'à la troisiéme il eut receu deux grandes bleffures
dont l'une luy fracaffoit la jointure du bras, il ne voulut
jamais signer la capitulation du Gouverneur de la place
& des Trouppes qui la défendoient. Le Roy estant tres-
satisfait de sa conduite & de son courage, caffa les Trouppes qui estoient dans la place, du nombre desquelles ê-
toit son Regiment, & luy donna en même temps le Regiment de la Marine qui est du nombre des vieux Corps.
Sa Majesté le fit la campagne suivante Brigadier d'Infanterie, & ce fut dans cét employ où lors que le Comte de
Montecuculy qui fondoit des vastes esperances sur la mort
du Vicomte de Turene qui fut tué d'un coup de canon al-
lant reconnoistre l'Armée des Imperiaux, vint attaquer

l'arriere garde de l'Armée du Roy avec un Corps tres-
confiderable de Cavalerie & de Dragons fuivy de toute
fon Armée en bataille, trouva d'abord tant de refiftance
par le Regiment de Champagne, à la tefte duquel le Comte de la Motte combattoit en qualité de premier Brigadier
d'Infanterie, que le Comte de Montecuculy ne crût plus
noftre défaite fi facile qu'il s'eftoit propofé. En effet le
Regiment de Champagne aprés avoir fi genereufement
refifté à un nombre, qui eftoit capable de le bouleverfer fe
retira en bon ordre derriere un ruiffeau, où il tint ferme
plus de trois heures animé par l'exemple du Comte de la
Motte, qui ne laiffa pas de demeurer à la tefte de ce Regiment encore plus de demye heure aprés avoir receu plufieurs grandes bleffures, dont il y en eut une qui luy rom-
pit la noy du col, & il en mourut feize jours aprés dans la
Ville de Colmar en Alface où il fut porté, n'eftant âgé que
de 32. ans, regretté de toute l'Armée & de toute la Cour,
& fi fort eftimé de fa Majefté que l'on eftoit perfuadé
que s'il eût vefcu il feroit arrivé a tous les employs où un
Gentilhomme d'autant de valeur que luy pouvoït afpirer.

4. Jacques.

X. Degré.

HENRY *de* **SAYVE,**
Chevalier Seigneur de Vermoulin,
de Genifi & de Les-Daurées,
Baron Sire, & Comte de Thil,
Baron de Iulinay & de Chevanay,
Comte de la Motte, Conneftable
hereditaire de Bourgogne, Meftre
de Camp d'un Regiment de Cava-
lerie, & Lieutenant General pour
le Roy au Gouvernement de Bour-
gogne.

Il a eu l'honneur de commander toute la Cavalerie de
fa Majefté en plufieurs rencontres & de faire par tout des

actions dignes de fa famille, dont il fut recompenfé d'une penfion annuelle de trois mille livres. Il époufa le 2. *Vienne.* d'Aouſt 1654. Marguerite de Vienne, fille de Charles de Vienne, Chevalier Seigneur de Pomart, Baron de Cha-ſteau-Neuf, Comte de Comarain, Mareſchal de Camp des Armées du Roy, & ſon Lieutenant General en Bour-gogne, d'une famille de laquelle il y a eu des Maréchaux & Admiraux de France & pluſieurs Generaux d'Armées. Il a eu pour enfans.

1. René-Bernard Enfeigne au Regiment des Gardes.
2. Henry premier.
3. Iean.
4. Henry deuxiéme.
5. Marguerite,
6. Marie.

ROUVROY.

De Sable à la Croix d'Argent chargée de cinq Coquilles oreillées de Gueules.

ALLIANCES.

ANGLOS.

ARMELLY.

AUBESPINE.

BROUILLY.

BUDOS.

CANREMY.

CANJON.

CHASTELET.

COSSE.

CRUSSOL.

ETRARD.

FAY.

La FAYETTE.

FLOCQUES.

La FONTAYNE.

FRAQUIER.

FREMAULT.

GONTERY.

GOUFFIER.

GRAMBOIS.

HALENCOURT.

HARLAY.

HAVAL.

HAUCOURT.

HAVESQUERQUE.

MAILLY.

NOLLENT.

OVARMAISE.

PERDRIEL.

POPILLON.

PRESTEVAL.

ROLLECOURT.

SAINS.

SAINT-SIMON.

SOYECOURT.

SUCRES.

La VACQUERIE.

ARBRE GENEALOGIQVE.

Louys 1262.
· · · · · · · ·

Iean 1314.
Marguerite de Saint Simon.

Mathieu 1389.   Guillaume
Ieanne de Havesquerque.   a fait branche.

Gaucher.   Gilles 1395.
                Ieanne de Flocques.

Guillaume ou Gilles.   Antoine.   Iacqueline,   Marguerite,
Marie de la Vacquerie.   Valerian   Guilaume
                                   de Sains.   de Presteval.

Mery.   Louys.
        Antoinette de Mailly.

François.   Louys.   Anne
Suzanne   Pierre de Ferdriel.
de Popillon.   Nicolas de Popillon.
                     Louys de la Fontaine.
                     Charles de Nollent.

Louys.   Estienne.   Françoise.
Denise de la Fontaine.   Robert de Collan.
                                Charles de Grambois.
                                Iean de Sucres.

Charles Marquis   Claude Duc   Louys.   Ieanne,   Louyse.
de S. Simon.   de S. Simon.   Louys   Laurent du
Louyse de Cruſſol. Diane-Henriette de Budos.   de Fay.   Chastelet.
                   Charlote de l'Aubespine.

Gabrielle-Louyse.   Vn fils du
Henry-Albert de Coſſé, 2. lict.
Duc de Briſſac.

M

AUTRE BRANCHE
DE ROVVROY.

Guillaume 1380.

Nicolas 1419.
Colaffe de Soyecourt.

Robert 1464.
Iacqueline Douarmaife.

Breton.   Antoine 1538.
          Claudine d'Halencourt.

François 1556.
Marie d'Anglos.

Iean 1572.
Ieanne de Beldon-Harlay.

Frederic 1607.   Iean.   Antoine.
Anne de Broüilly.

Pierre 1643.   Philippes.
Marie-Vrfulle
de Gontery.

Iacques. Pierre. Iean. Philippes. Ieanne.
                              Pierre-Felix de la Croix de Chevrieres,
                              Comte de S. Vallier.

HISTOIRE

ET

PREUVES.

SI l'alliance que Monsieur le Comte de saint Vallier a faite dans cette famille ne m'engageoit d'en donner la Genealogie, je n'aurois pas eu cette pensée, puisqu'elle est estrangere de Dauphiné, & que par mon projet je me suis proposé la seule Noblesse de cette Province; mais comme j'ay dessein de comprendre dans ce volume l'Histoire Genealogique des Maisons les plus considerables & les plus proches qui entrent dans les 32. quartiers du fils de Monsieur le Comte de saint Vallier, il ne faut pas oublier celle de Rouvroy recommandable par son ancienneté, illustre par ses Alliances, celebre par ses beaux employs, & remarquable parmy celles qui tiennent les premiers rangs en France.

Tout ce qui fait ma peine, c'est que mes memoires ne sont pas assez amples, que n'estant pas à Paris où est la source des titres les plus asseurez, des preuves les plus certaines, & des actes les plus anciens; je pourray difficilement écrire tout ce qui appartient à la gloire de cette famille. J'avoüe pourtant qu'estant il y a quelques mois dans cette superbe Ville j'ay eu plusieurs conferances avec Mr. du Bouchet si sçavant dans l'Antiquité, qu'il semble qu'il ait esté de tous les siecles; avec Monsieur d'Hosier fils d'un des plus grands Genealogistes de l'Europe & qui a herité de toutes ses rares connoissances, avec Monsieur de Gaignieres Escuyer de Mademoiselle de Guise qui sçait parfaitement l'histoire des familles, avec Monsieur de la Roque qui connoist si bien la Noblesse de tout le Royaume, avec le R. P. Menestrier de la Compagnie de Jesus qui a si bien démeslé toutes les difficultez du Blason, & avec plusieurs autres sçavans dans les Genealogies, & j'y receus de la part du R. P. Anselme Augustin déchaussé les derniers ouvrages qu'il a faits touchant la Famille Royalle & celles des Grands Officiers de la Couronne. Tant d'Illustres qui ont bien voulu estre de mes amis m'en ont donné des marques en me communiquant leurs beaux memoires & me faisant part de tout ce que je leur ay demandé là dessus. J'adjouste même qu'ils m'ont dóné quelques instructiós de la famille de Rouvroy, quoyque je n'en aye pas assez pour la faire paroistre avec tout l'éclat qu'elle merite. La Picardie a esté son pays d'origine, & voicy ce qui m'en est connu.

I. Degré.   **LOUYS de ROUVROY,**
Chevalier, Seigneur d'Oisemont.

Les memoires de la Maison portent qu'il fut enterré à Compiegne & qu'il vivoit l'an 1262. aprés s'estre signalé en plusieurs occasions contre les Anglois. Son alliance m'est inconnuë. Il eut pour fils.

II. Degré.   **JEAN de ROUVROY,**
Chevalier, dit le Borgne, Seigneur du Pleissis sur saint Just, de Granville & de Rasse, Gouverneur de la Ville de l'Isle en Flandres.

Quelques extraits des Chartres de saint Fussien de Beau-

vais, m'ont appris qu'il vivoit l'an 1314. Marguerite de
faint Simon, fille de Ferry, Seigneur de faint Simon & ^{s. Simon.}
d'Agnes de Campremy fut fa femme. Elle herita de la ter- ^{Campre-}
re de faint Simon par le decez fans enfans de Jacques de ^{my.}
faint Simon fon frere. Elle eftoit d'une famille iffuë de
celle de Vermandois qui tiroit fon origine de Pepin Roy
d'Italie, fecond fils de l'Empereur Charlemagne, eftant
venuë d'Eudes de faint Simon fils d'Horbert IV. Comte
de Vermandois, décendu par la 10. generation de ce Pepin. Eudes eut pour fils Eudes, celuy-cy fut pere d'un
autre Eudes qui le fut de Ferry pere de Marguerite. De
cette alliance il y eut,

1. Mathieu qui fuit.

2. Guillaume de Rouvroy, dit le Galois. C'eft le chef
de la branche de laquelle eft venuë Madame la Comtef-
fe de faint Vallier.

MATHIEU de ROUVROY,

III. Degré.   *dit le Borgne, Seigneur de faint Simon
& Deftoully.*

Paffa une vente le 29. d'Avril 1389. à Arnaud de Cor-
bie Chancellier de France. Il époufa Jeanne de Havef- ^{Havef-}
querque Dame de Raffe, & en eut ^{querque.}

1. Gaucher de Rouvroy dit de faint Simon, dont l'Hiftoire de Monftrelet fait une honorable mention. De luy
font décendus les Seigneurs de faint Simon terminez par
des filles, dont l'une a efté mariée dans la maifon de Gouffier, les Seigneurs de Pons & ceux de Montbleru qui fub-
fiftent encore, & les Seigneurs de Sandricour & Dablai-
nuille dont il en refte auffi, tous divifez par branches differentes que le R. P. Anfelme Auguftin déchauffé a fait
imprimer dans fon Palais d'Honneur page 612. c'eft ce
qui m'oblige de les laiffer.

2. Gilles a fait la branche de Rouvroy de faint Simon
qui fuit.   M iij

GILLES de ROUVROY,
dit de saint Simon, Chevalier Seigneur du Pleiffis, Baillif de Senlis.

IV. Degré.

Epousa Jeanne, fille & heritiere de Laurent Seigneur
Flocques de Flocques & de Foreftel, Marefchal hereditaire de Nor-
Haval. mandie, Baillif d'Evreux , & de Jeanne de Haval l'an
1395. Il en eut

1. Guillaume qui suit.

2. Antoine Seigneur de Rumefnil commança une
branche qui fubfifte encore & que le même Pere Anfelme a auffi décritte.

Sains.
3. Jacqueline époufe de Valerian de Sains, Seigneur
de Marigny.

Prefte-
val.
4. Marguerite mariée l'an 1446. avec Guillaume de
Prefteval.

GILLES ou GUILLAUME de S. SIMON,
Seigneur de Raffe, & Gouverneur d'Orchies.

V. Degré.

Il contracta mariage avec Marie de la Vacquerie, fille
Vacque- de Jean de la Vacquerie, premier Prefident au Parlement
rie. de Paris, & de Marie Fremault. Il fe fignala à la bataille
Fre- de Paray en Beauffe , à la prife de Meaux & aux fieges
mault. de Honfleur & de Pontoife, fuivant le rapport de Monftrelet. Il eut

1. Mery de faint Simon Seigneur de Precy qui n'eut
qu'une fille.

2. Louys a continué.

LOUYS de S. SIMON,
Seigneur du Pleiffis & de Raffe,
Baillif de Senlis.

VI. Degré.

Mailly. Epousa Antoinette de Mailly , fille de Robert de Mail-

ly, Seigneur de Rumefnil & de François de Haucourt. *Hau-*
Il en eut, *court.*

   1. François qui fuit.

   2. Louys Seigneur de Cambronne laiſſa des enfans.

   3. Anne Epouſe en premieres nopces de Pierre de *Perdriel*
Perdriel Seigneur de Boligny, en ſecondes de Nicolas de *Popillon.*
Popillon Seigneur d'Anſac, en troiſiémes de Louys de la *la Fon-*
Fontaine Seigneur de Leſches, & en quatriémes de Char- *taine.*
les de Nollent Seigneur de ſaint Contez. *Nollent.*

FRANCOIS *de* S. SIMON,
VII. Degré.   *Seigneur de Raſſe & du Pleiſſis.*

Eut pour épouſe Suzanne de Popillon, fille de Nicolas *Popillon.*
de Popillon Seigneur d'Anzac prés de Clermont, & de
Claudine Fraquier, & vivoit l'an 1563. Il fut pere de *Fra-*
                                                quier.

   1. Louys dont il ſera parlé.

   2. Eſtienne Seigneur de ſaint Leger laiſſa poſterité.

   3. Françoiſe Epouſe de Robert de Collan Seigneur *Collān.*
de Rollecourt, puis de Charles de Grambois, Seigneur *Grābois.*
d'Yvrans, & finalement de Jean de Sucres Seigneur de *Sucres.*
Belins & d'Artois,

Et quelques autres enfans.

LOUIS *de* S. SIMON, *III.*
VIII. Degré.   *du Nom Seigneur du Pleiſſis & de Raſſe*
           Gouverneur de la Ville de Senlis.

Fit alliance par mariage avec Deniſe de la Fontayne, *la Fon-*
fille de Louys de la Fontaine Seigneur d'Orgereux & de *taine.*
Leches, & de Jeanne de Canjon. Il en eut,
                                      Canjon.

   1. Charles de ſaint Simon Seigneur du Pleiſſis & de
Raſſe, Chevalier de l'Ordre du ſaint Eſprit, Meſtre de
Camp du Regiment de Navarre, Marquis de ſaint Simon
& Gouverneur de Senlis, Epouſa le 14. de Septembre

Cruſſol. 1634. Louyſe de Cruſſol veuve du Marquis de Portes, fille d'Emanuël de Cruſſol Duc d'Uſets, & de Claudine *Ebrard.* Ebrard ; ſans enfans.

2. Claude a continué.

3. Louys Chevalier de ſaint Jean de Jeruſalem.

Fay.   4. Ieanne épouſe de Louys de Fay Vicomte de Creſſonſac.

Chaſte-   5. Louyſe mariée à Laurent du Chaſtelet Seigneur de *let.* Frenieu.

CLAUDE *de* **S. SIMON**, *Premier Eſcuyer de la petite Eſcuyerie du Roy & premier Gentilhomme de ſa Chambre, Grand Fauconnier & Grand Louvetier de France, Chevalier de l'Ordre du ſaint Eſprit, Gouverneur de S. Germain en Laye, puis du Chaſteau, Ville & Comté de Blaye, Duc de ſaint Simon, Pair de France.*

IX. Degré.

Fut l'un des plus aſſurez favoris du Roy Louys XIII. & cette faveur fut moins un effet de ſa bonne fortune que de ſes belles qualitez. Il épouſa en premieres nopces & le mois d'Octobre de l'année 1644. Diane - Henriette de *Budos.* Budos Marquiſe de Portes, fille unique & heritiere d'Antoine Hercules de Budos Marquis de Portes, Chevalier des Ordres du Roy, Vice-Admiral de France : Et en ſe-*Laubeſpi-* cond lieu le 2. de Novembre 1670. Charlotte de Laubeſ-*ne.* pine, fille de François Marquis de Ruffet & de Hautetive. Il a eu du premier lict,

Coſſé.   Gabrielle-Louyſe de ſaint Simon, Marquiſe de Portes mariée avec Henry-Albert de Coſſé, Duc de Briſſac, Pair de France.

Il y a un fils du ſecond lict.

AVTRE BRANCHE DE ROUVROY.

III. Degré. GUILLAUME *de* ROUVROY, *dit le Gallois , Chevalier Seigneur de Granville.*

Fils puifnay de Jean de Rouvroy Seigneur de Granvil-le & de Marguerite de faint Simon. Ce furnom de Gallois ou Gaulois luy fut donné en Efpagne où il eftoit paffé comme volontaire & où il fe trouva en divers combats contre les Maures. A fon retour en France il commanda en Chef une Compagnie de gens à cheval, avec laquelle il fe fignala en Flandres & ne fut pas inutile contre les Anglois. Le nom de fa femme m'eft inconnu. Il vivoit en 1380. & eut pour fils.

IV. Degré. NICOLAS *de* ROUVROY, *Chevalier , Seigneur de Granville.*

Colaffe de Soyecourt fut fa femme, elle eftoit d'une fa-mille de Picardie qui porte pour Armoiries fretté de Gueu-les. Il parut avantageufement à la journée de Patay en 1429. où les Anglois furent défaits par la Pucelle d'Or-leans, & il eftoit encore vivant l'an 1464. Il mourut âgé de prés de cent ans. Il eut pour fils. *Soyecourt.*

V. Degré. ROBERT *de* ROUVROY, *Chevalier , Seigneur de Granville.*

Qui naquit l'an 1449. Il fit alliance par mariage avec

N

Oüar-
maife.

Jaequeline d'Oüarmaife qui eftoit morte l'an 1502. comme il fe juftifie par un partage fait le 11. de Juin de la même année par fes heritiers. Elle eftoit de Bruges en Flandres, & fes peres y avoient tenu un rang confiderable. Il
fit cette alliance pendant la guerre que le Roy porta en
Flandres, où ce Robert avoit accompagné Nicolas fon pere,
& dans laquelle il avoit porté un Guidon. Il fut pere de

    1. Antoine qui a continué.

    2. Breton. Quelques memoires m'ont appris qu'il fut
grand Hofpitalier de Malte de l'Ordre de faint Jean de
Jerufalem. Il commandoit dans le Chafteau de Fontaine l'an 1526. 1527. & 1533.

    VI. Degré.   ANTOINE *de* ROUVROY.

Il vivoit l'an 1538. & par quelques contracts de ce
temps-là il m'a apparu qu'il avoit pour femme Claudine

Halen-
court.
d'Halencourt d'une tres-ancienne famille dont les Armoiries font d'Argent à une bande de Sable cottoyée de deux
cottices de même. Il fe trouva avec François fon fils à la
bataille de Cerifoles l'an 1543. où le Duc d'Anguien défit le Marquis de Gua, ils parurent à l'avantgarde commandée par le Chevalier de Boutieres & combattirent
fous la Cornette blanche portée par Rubempré.

    VII. Deré.   FRANCOIS *de* ROUVORY.

Par des actes du 15. de Juin 1538. le 3. d'Octobre
1542. le 6. de May 1555. & le 6. d'Aouft 1556. fon exi-
ftance eft prouvée, & par les memoires de la Maifon il
fe juftifie qu'il fut à la bataille de Cerifoles & en celle de
Renty. Il vivoit encore en 1577. & quelques contracts
le qualifient Capitaine de gens de pied pour le fervice du
Anglos. Roy. Marie d'Anglos fut fa femme. Il en eut.

VIII. Degré.   JEAN *de* ROUVROY, *II. du Nom.*

Qui contracta mariage le 13. d'Aouſt 1572. avec Jeanne de Harlay. Il eut auſſi de l'employ dans les Ar- *Harlay.*
mées du Roy, & il fit connoiſtre ſa valeur dans les
journées de Dreux, de ſaint Denis, de Jarnac & de Montcontour, où il commandoit une Compagnie de gens à
cheval. Il avoit eſté Lieutenant de gens d'Armes du Seigneur de Biron aprés avoir eſté Guidon d'une Compagnie de gens d'Armes de Dampierre. Il eut pour enfans

  1. Frederic qui ſuit.
  2. Jean.
  3. Antoine.

FREDERIC *de* ROUVROY,
IX Degré.   *Chevalier, Seigneur du Puy.*

Epouſa le 2. d'Avril 1607. Anne de Broüilly, fille d'An- *Broüilly.*
toine de Broüilly Seigneur de Silly, & d'Eſter de la Fayet- *la Fayet-*
te, & aprés avoir ſouvent donné des marques de ſon cou- *te.*
rage en faveur du Roy Henry le Grand, en qualité de Meſtre de Camp d'un Regiment de Cavalerie, en diverſes
occaſions, & ſouſtenu par tout une grande reputation,
il mourut en laiſſant pour enfans,

  1. Pierre dont il ſera parlé.
  2. Philippes.

PIERRE *de* ROUVROY,
Chevalier, Seigneur du Puy, Gen-
tilhomme Ordinaire de la Chambre
du Roy, Capitaine d'une Compa-
X. Degré.   *gnie au Regiment des Gardes Fran-*
çoiſes, Mareſchal de Camp aux
Armées de Sa Majeſté.

Il Epouſa le 14. de Fevrier 1643. Marie-Urſule de
N ij

Gontery. Gontery, fille d'Aymon de Gontery, Comte de saint Alban, General des Poftes de Savoye, & de Lucrece *Armelly* d'Armelly, & fœur du Marquis de Gontery Lieutenant General des Armées du Roy, & General des Poftes de Savoye. Il eut fa commiffion de Capitaine aux Gardes l'an 1645. & fon Brevet de Marefchal de Camp en 1652. & lors qu'il a falu combattre pour le fervice du Roy il n'a jamais épargné fon bien & fon fang. Il a eu pour enfans,

1. Jacques tué au fiege de Befançon, Aide de Camp du Marefchal Duc de la Feüillade.

2. Pierre Abbé de Cheage à Meaux.

3. Jean Chevalier de Malthe, Lieutenant d'un des vaiffeaux du Roy.

4. Philippes.

la Croix 5. Ieanne femme de Pierre-Felix de la Croix de Che-
de Che- vrieres, Chevalier, Comte de faint Vallier, Capitaine des
vrieres. Gardes de la Porte du Roy. Et plufieurs Religieufes.

ERRATA.

P Age 26. ligne 1. ean, *lifez* Iean, pag. 29. ligne 1. Louys Portier, *lifez* Louys de Portier. *idem* ligne 7. mantenuë, *lifez* maintenuë, pag. 36. lig. 5. prefcriptions, *lifez* profcriptions, pag. 41. lig. 5. arbanez, *lifez* albanois, pag. 42. lig. 15. le yeux, *lifez* les yeux, *idem* lig. derniere, Guerre, *lifez* de Guerre, pag. 62. ligne 11. dergez, *lifez* degrez.

LATTIER.

D'Azur à trois Frettes d'Argent au chef de même.

O

ALLIANCES.

ALLEMAN,
ARMUET.
ARVILLARS,
ARZAC.
BAILE-PELLAFOL.
BAILE de la TOUR.
BERTRAND.
BOHIER.
BROTTIN.
BUATIER.
CARLES.
CIVA.
du CLAUX.
CLERMONT-CHASTE
OREMIEU.
FALCOZ.
FASSION.
FAY.
FILLOL.
GALLE.
GAUTERON.
GOLAT.
GUILLERME.
LAIGUE.
LEMPS.
MARCEL.

MARSANE.
des MASSUES.
MAYNE.
MONTAIGU.
MORETON.
MOTET.
MURINAIS.
PAPE.
du PLASTRE.
du PONT.
du PUY.
RIVAIL.
ROCHEPIERRE.
SAINT GEORGE.
SALIGNON.
SALLIANS.
SASSENAGE.
THEYS.
TOURRETTE.
VEILHEU.
VESC.
VILETTE.
VINCENT.
URRE.
YSERAN.

ARBRE GENEALOGIQUE.

PREMIERE BRANCHE,

QUI EST CELLE,

DE MANTONNE.

Jacques 1290.

Iean 1320.

Jacquemet. Antoine. 1350.

Bertrand. 1370. Hugues.

François. 1400. Guigonne.

Hugues. 1415.

George 1455.
Ieanne de Faſſion

Claude. 1464.   Bertrand. Iean François. Hugues. Pierre. Iean.   Claudine.
Marie d'Atvilars. Antoine. Ecel.   Guigonne a fait   Benoît de
                                                Buatier. branche. Cremieu.

George II.   Claudine   Marthe.   Lionette.   Agnes.   Iſabeau.
Ieanne.   Religieuſe Philippes.   Baltefard. Pierre. Ioffrey.
Armuet.   des Maſſuës.   Baſſe.   Ciya.   Carles.

François.   Marguerite.   Madelaine.
ſans   Pierre de   Michel.
enfans.   Laigue.   Falcoz.

DEUXIEME BRANCHE,

QUI EST CELLE

DE CHARPEY.

Iean 1482.
Antoinette de Veilheu.

Pierre 1518.	Louys.	Charles.	François.	Louyse.	Claire.	Ieanne.
Caterine de la	a fait		Chevalier	Amedée	Iean	
Tourrette.	branche		de S. Iean	Fillol.	du Plaftre.	

Claude I. 1550.	Marguerite.	Louyse.
Honnorade,	Claude Baile.	Guigues de Golat.
d'Vrre.		

Claude II. 1600.	Pierre.	Anne.
Françoise Bertrand.	a fait	Laurent de Galle.
	branche.	Hercules de Gauteron.

Anne.	Louyse.
Charles de	Alphonse.
Clermont-de-Chaste.	de Saffenage.

TROISIEME BRANCHE;

QUI EST CELLE

DE SAINT VINCENT.

Pierre.
..... de Montaigu
Fourmigiere.

Louys.
Marguerite de Vincent.

Charles.

O

QUATRIEME BRANCHE.

QUI EST CELLE

DE BAYANE.

Louys 1535.
Alix de Brottin.

Iacques.	Charles 1577.	George	Pierre	Iean.	Iean-Denys.	Marguerite.
Françoise	Louyse de	Chevalier	Chevalier		Françoise	Gaspard.
Yseran	Moreton	de S. Iean.	de S. Iean.		de Murinais.	de Saillans.

Antoine 1620.	André.	Iean	Gaspard	Caterine	Gabrielle.	Marguerite.
André de		a fait	a fait			Religieuse.
Salignon.		branche.	branche.			

Charles-Antoine 1656.	Anne.
Eleonor du Maine.	Agatange.
	d'Yseran.

Antoine-Marie.	Eleonor	Anne
	Religieuse.	Religieuse.

CINQUIEME BRANCHE;

QUI EST CELLE

DE SOUSPIERRE.

Iean 1619.
Marguerite d'Urre.

Pierre.	Charles	Adrian.	Marie.	Marguerite
Isabeau	Chevalier	......	Louys de	François du Puy
de Blain.	de S. Iean.	de Vesc.	Matiane.	de Rochefort.
		......		
		Arsac.		

SIXIEME BRANCHI

QUI EST CELLE

DE BURLET.

Gaspard.
Mabeau de Vilette.

Charles-Antoine 1663.   Antoine   Françoise-Louyfe.
Anne du Claux.   Religieux, Religieufe.

HISTOIRE

ET

PREUVES.

IL eſt difficille de penetrer avec des connoiſſances aſſurées dans l'obſcurité des premiers temps ; & les ſiecles paſſez ne nous ont pas laiſſé des monuments aſſez certains, pour eſtablir la verité des premiers degrez d'une Genealogie, lors qu'on veut les pouſſer juſques-là. Il ſeroit à ſouhaiter pour la gloire & pour la ſatisfaction des anciennes familles que les déſordres de la nature euſſent épargné les titres de leur ancienneté. On y verroit ſans doute des marques de la conſideration où elles ont eſté, des honneurs avec leſquels elles ont paruës, quels ont eſté les Hommes Illuſtres qu'elles ont produits ; & rien n'auroit échapé à la poſterité la plus éloignée, de tout ce qui pourroit contribuer à ſa reputation & à ſon éclat. Mais tant de bonheur n'accompagne pas toûjours les plus illuſtres maiſons, puiſque ſouvent elles ont le regret de voir enſevelis, ou par la rigueur des années ou par la cruauté du feu, les plus anciennes marques de leur Nobleſſe. C'eſt dans cét eſtat que je trouve la famille de Lattier. Elle eſt aſſurement d'un temps immemoré, mais ce temps nous eſt inconnu & à peine pouvons nous luy trouver des preuves de quatre ſiecles, pour s'eftre égarées ou perduës par l'injure de tant d'années. Son origine nous eft donc inconnuë. Son féjour a efté premierement à Grenoble, puis à Vourey à quatre lieües de cette Ville, & enfin s'eftant divifée en plufieurs rameaux, elle a paffé dans le Valentinois où elle eft encore. Tant de Chevaliers de l'Ordre de faint Jean de Hierufalem & du Temple, qu'elle a eus dépuis qu'elle nous eft connuë fõt encore une marque de fa veritable ancienne Nobleffe, & les alliances qu'elle a faites avec plufieurs des plus Illuftres Familles de Dauphiné font des preuves convainquantes de la confideration où elle a toûjours efté.

I. Degré. JACQUES de LATTIER.

Son exiftence eft prouvée avec celles de fon fils & de fon petit fils, en un acte dont je feray mention au troifiéme degré, par lequel il eft à préfumer qu'il vivoit environ l'an 1290.

II. Degré. JEAN de LATTIER,

Fut fon fils, comme dit le même acte, & apparemment il vivoit l'an 1320. Il eut pour enfans

1. Jacquemet qui paffa une reconnoiffance en faveur du Monaftere de Montfleury auprez de Grenoble le 15. d'Avril 1350. dans laquelle il eft dit qu'il reconnoiffoit des fonds, qui déja avoient efté reconnus en faveur des Dauphins par Jean fon pere & par Jacques fon ayeul. Ce Monaftere avoit efté fondé trois années auparavant par Humbert Dauphin II. du nom, & ce Prince parmy les dons qu'il luy avoit fait, l'avoit gratifié des rentes que ce Jacquemet reconnoiffoit alors.

2. Antoine a continué.

III. *Degré* ANTOINE *de* LATTIER

Paroissoit environ l'an 1350. comme il se tire d'une procedure dont je parleray. Il eut pour enfans

1. Hugues dont il y a quelques reconnoissances passées en faveur de la Commanderie de saint Jean de Vourey l'an 1370. Il fut Chevalier du Temple.

2. Bertrand aura son chapitre.

IV. *Degré.* BERTRAND *de* LATTIER.

La même procedure fait mention de luy & de son fils Il fut pere de

1. François qui suit.
2. Guigonne.

V. *Degré.* FRANÇOIS *de* LATTIER

La procedure dont j'ay parlé fut faite l'an 1530. par Lauréc Rabot Conseiller au Parlement de Grenoble, à la requeste de Pierre & Louys de Lattier freres fils de Jean, qui avoient demandé à la Cour un Commissaire pour la recherche des biés qui avoient appartenus à leurs predecesseurs & particulierement à ce François, à Bertrand son pere, & à Antoine son ayeul. Ce François vivoit l'an 1380. & eut pour enfans.

1. Hugues dont je parleray.
2. Antoine eut pour fils Aymar de Lattier.

VI. *Degré.* HUGUES *de* LATTIER,

Guigonne de Lattier sa tante, fit une donnation aux FF. Prescheurs de Grenoble le premier d'Avril 1417. où elle se dit sœur de François: C'estoit de quelques rentes

P

qu'elle avoit à Tullin , & qui luy avoient esté assignées
pour ses pretentions des biens de sa maison , par Hugues
son neveu qui compose ce degré , & par Aymar fils d'Antoine de Lattier aussi son neveu, coheritiers de François
leur pere. Hugues le fut de

1. George qui fera la matiere du septiéme degré.

2. Guigues est compris parmy les Nobles de Vourey
dans une revision de feux de l'année 1447.

VII. Degré   GEORGE *de* LATTIER
                   Capitaine de 50. *Lances.*

Ainsi qualifié en plusieurs preuves faites en faveur de
quelques Chevaliers de Malthe de cette famille. Il est
compris parmy les Nobles du mandement de Tullin dans
des revisions de feux dés années 1431. 1450. & 1455.
Il fit un hommage Noble au Dauphin Louys le 8. de
May 1446. pour une maison forte qu'il avoit à Vourey.
Faffion. Jeanne de Faffion , fille de noble Gillet de Faffion , & de
Guiller- Bonnefille Guillerme fut sa femme. Il fit son testament
me. l'an 1468. Et eut pour enfans

1. Claude qui suit.

2. Bertrand mourut à Bayonne estant Capitaine.

3. Pierre Conseiller au Parlement de Grenoble, qui
eut pour femme Guigonne Buatier, qu'il institua son he-
ritiere par son testament du 22. d'Octobre 1516. duquel
Buatier. il fait executeurs nobles Aynard Fleard Auditeur des Côp-
tes, & Joffrey Buatier son beau-frere. Il eut trois filles
sçavoir Lionnette Lattier mariée à noble Baltesard de Baile
Seigneur de Pellafol, Agnes de Lattier, femme de noble
Baile. Pierre Civa , & Isabeau de Lattier qui eut pour ma-
Civa ry Noble Joffrey Carles, Auditeur des Comptes de Dau-
Carles. phiné.

4. Iean a fait branche.

5. Iean II. Chanoine à saint André de Grenoble.

6. Antoine fut Moine à saint Robert auprez de la même Ville.

7. François Chevalier de l'Ordre de saint Jean de Hyerusalem.

8. Hugues Religieux de l'Ordre de saint Antoine Abbé de Florencerolles.

9. Claudine femme de noble Benoit de Cremieu. *Cremieu*

CLAUDE de LATTIER,

VIII. Degré. *Conseiller du Roy & son Advocat General au Parlement de Dauphiné.*

Il fut premierement Juge majeur des appellations & des nullitez de tout le Dauphiné, & il est ainsi qualifié dans son contract de mariage du 13. de Septembre 1464. avec Marie d'Arvillars, fille de noble & Puissaint-Homme Aymard d'Arvillars, Seigneur de la Bastie sur Allevard. Il fut ensuite Advocat General au Parlement de Grenoble, comme il se voit dans le Statut Delphinal fol. 87. Il testa le 14. de Septembre 1493. & laissa *Avilars.*

1. George qui suit.

2. Claudine Religieuse à Montfleury.

3. Marthe femme de Noble Philippes des Massues *des Massues.*

GEORGE de LATTIER II.

IX. Degré. *du Nom, Seigneur de Mantonne, Capitaine de 50. Lances.*

Fut aux guerres d'Italie, & extrémement chery du Gentil Monteison qui le nomma l'un des executeurs de son codicille du 19. de Mars 1511. Jeanne Armuet de Bonrepos fut sa femme. Elle estoit fille Noble Artaud Armuet, & veuve de Noble Albert Alleman. Il en eut. *Armuet.* *Alleman.*

1. François Commandeur de l'Ordre de saint Jean de

Hyerufalem, mourut à la bataille de Pavie eftant dans les trouppes du Duc de Montmorancy.

Laigue. 2. Marguerite eut pour mary Noble Pierre de Laigue fieur du Cros.

Falcoz. 3. Madelaine époufa Noble Michel Falcoz.

LATTIER CHARPEY.
II. BRANCHE.

VIII. Degré

JEAN de LATTIER, *Seigneur de Charpey Capitaine de 50. Lances des Ordonnances du Roy, Gouverneur de la Comté de Roffillon de Perpignan & de Sardaigne.*

Fils de George premier & de Ieanne de Faffion. Dans fon contract de mariage du 10. de Novembre 1482.
Veilheu. paffé avec Antoinette de Veilheu, fille de noble Claude de Veilheu du lieu de Clerieu, la qualité de Confeiller & Capitaine du Roy luy eft donnée, & dans fon teftament du 16. de Mars 1518. il prend celle de noble & puiffant-homme, & Seigneur de Charpey. Il fût Gouverneur de la Ville & du Chafteau de Perpignan & de la Comté de Roffillon & de Sardaigne, Capitaine de 50. Lances fous le Roy Louys XI. par commiffion donnée à Arras le 4. Septembre 1477. Capitaine de 30. Lances fournies à la mode Italienne par le Roy Charles VIII. le 16. Fevrier 1483. Il a auffi eu une charge de Maiftre d'Hoftel de la Maifon du Roy & Contrôlleur de la Chambre aux deniers, par Brevet donné à Lyon le 21. May 1496. Par le teftament de Claude fon frere il eft nommé Capitaine de gens-d'Armes. Il eut le Gouvernement de Perpignan en recompenfe de ce qu'à la prife de cette place il fut le premier qui

monta fur la muraille, & y planta fon drapeau, eftant alors Enfeigne du Comte de faint Paul Gouverneur de Dauphiné; & quoyque par le traitté de paix il fut dit que la France rendroit Perpignan dans trois mois, neantmoins Lattier la garda 18. ne l'ayant point voulu rendre qu'il n'eut veu une lettre expreffe du Roy cachettée d'un anneau dont fa Majefté luy avoit laiffé le femblable : Sa refiftance fut à caufe que le Roy en luy laiffant le gouvernement de cette place, luy avoit ordonné de ne l'a rendre qu'enfuite de fon Ordre exprez écrit de fa main & cacheté de cét anneau. Des memoires de la maifon portent qu'il vêcut 110. ans; & parmy fes papiers on trouve des Lettres Patentes en forme de commiffion du Roy Charles VIII. pour 30. Lances à la mode Italienne dans lefquelles il eft fait mention de la garde des pays de Roffillon & Sardaigne qui luy avoit efté donnée par Louys XI. fon pere. Il tefta le 16. de Janvier 1518. Voicy les enfans qu'il laiffa,

1. Pierre qui fuit.
2. Louys a fait branche.
3. Charles fut tué au fervice du Roy.
4. François Chevalier de faint Jean fut tué pour l'Ordre dans un combat naval contre les Infidelles.
5. Louyfe femme de Noble Amédée Fillol.
6. Claire femme de noble Jean du Plaftre.
7. Jeanne.

Fillol. du Plaftre.

IX. Degré. **PIERRE *de* LATTIER**
Seigneur de Charpey.

Le 16. du mois de Mars de l'année 1518. il contracta mariage avec Caterine de la Tourrette, fille de noble Gilet de la Tourrette, Seigneur de la Tourrette en Vivarais, & fœur de noble Gabriel de la Tourrette; en prefence de Gafpard de Tournon Evefque de Valence & de

Tourrette.

P iij

Dye, de nobles Clement Mulet, Jean Royer, Reynaud de Fay Seigneur de Gerlandes & Jean de l'Espinasse de Bologne. Il fut Capitaine de 50. Lances aprés son pere, & mena sa compagnie dans la Lombardie pour le service du Roy. Le Pere Hilarion de Coste Minime en l'éloge des Dauphins de France, dit qu'il y avoit plus de 300. Gentishommes de Dauphiné en la bataille de Marignan contre les Suisses l'an 1515. que Pierre de Lattier étoit du nombre, & qu'il se signala à la bataille de Pavie. Il y receut un coup de Lance à l'œil qui le mit hors de combat, & il fut trouvé parmy les morts : Il guerit pourtant & à vescu quelques années aprés. Il a laissé.

Baile. 1. Claude dont je feray mention.

2. Marguerite femme de noble Hector Baile sieur de
Golat. la Tour de Conin.

3. Louyse épouse de noble Guigues de Golat de Chevrieres.

CLAUDE *de* LATTIER

X. Degré. *premier du Nom. Seigneur de Charpey & de Vatillieu.*

Prre.

Sa femme fut Honorade d'Urre, fille de noble Giraud d'Urre Seigneur d'Ourche, qu'il épousa le 15. de Juin 1550. par contract de mariage où furent presens, Claude de Clermont Seigneur de Monteyson, François des Massues Seigneur de Vercoyran, & Charles de Jony Seigneur de Pennes. Il eut pour enfans de ce mariage.

1. Claude qui a continué.

2. Pierre qui a fait branche.

Galle. 3. Anne a eu deux maris, le premier noble Laurent
Gauterō de Galle Seigneur du Metral, & le second Noble Hercules de Gauteron sieur d'Urrieres.

CLAUDE *de* LATTIER, II.

XI. Degré. *du Nom, Seigneur de Charpey, de Mar-*
ches & de Vatillieu, Gentilhomme Ordi-
naire de la Chambre du Roy.

Il a fervy le Roy en qualité de Capitaine d'Infanterie
& de Cavalerie, & en celle de Meftre de Camp. Le Roy
Loüys XIII. luy donna une penfion de trois mille livres
par un Brevet du 3. d'Avril 1613. pour le recompenfer
des fervices qu'il luy rendoit actuellement. Il fut marié
par contract du premier de Janvier 1582. avec Françoife *Bertrand*
Bertrand ; fille de noble Imbert Bertrand Confeigneur de
Vatillieu & de. . . . . Il a tefté le 12. de Decembre 1605. & la Bertrand fa femme le 9. Novembre
1602. Il a eu.

1. Anne de Lattier Dame de Charpey, de Vatillieu &c.
qui a époufé Charles de Clermont Seigneur de Chafte, *Clermõt.*
de la Faye, de Vernoux &c. le dernier d'Octobre 1615.

2. Loüyfe mariée le 31. d'Aouft 1620. à Alphonfe de
Saffenage par difpenfe du Vicelegat d'Avignon. Elle a *Saffena-*
tefté le 28. de Mars 1650. & elle eft morte le 13. de Juillet *ge.*
fuivant.

LATTIER SAINT VINCENT.
III. BRANCHE.

XI. Degré PIERRE *de* LATTIER,
II. du Nom. Sieur de Saint Vincent.

Fils puifnay de Claude de Lattier premier du nom.
Seigneur de Charpey & d'Honorade d'Urre, Il prit alliance dans la maifon de Montaigu la Fourmigiere en Au-*Montai-*
gu.

vergne fans que je fçache le nom de fa femme. Il en eut.

XII. Degré.   LOUYS *de* LATTIER,
Sieur de Saint Vincent.

Vincent.   Qui de Marguerite de Vincent fa femme a laiffé
1. Charles de Lattier mort jeune fans pofterité dans le fervice du Roy eftant Cornette de Cavalerie.

Roche-   2. Marie époufe de . . . . de Rochepierre en Vi-
pierre.   varais.

LATTIER BAYANE.
IV. BRANCHE.

IX. Degré.   LOUYS *de* LATTIER,
Seigneur de Bayane.

Fils de Jean de Lattier & d'Antoinette Veilheu, tran-figea avec Pierre de Lattier fon frere le 12. de Fevrier 1524 où il eft parlé de tous les enfans que Jean leur pere avoit laiffés, & que j'ay nommé précédémment Le 8. de Novem-
Brottin. bre 1569. il époufa Alix de Brottin Dame de Soufpierre, de laquelle il eut plufieurs enfans nommez dans fon tefta-ment du xj. de Juillet 1569. fa femme tefta le 18. d'Aouft 1573. Il fervit en plufieurs rencontres de fon bien & de fa perfonne le Roy François premier & Henry II. & eut une Compagnie de gens à cheval. Il fe trouva en 1529. en l'armée que commanda le Comte de faint Paul contre le Duc de Brunfuic, & le fuivit en plufieurs autres occa-fions. Il eut.

Yferan.   1. Jacques, Seigneur de Bayane, fut marié à Fran-çoife d'Yferan, fille de noble Philibert d'Yferan Chevalier

Seigneur de Beauvoir, la Grange, le Mollard & Mont-
clard & de Françoise de Lemps, par contract du 25. de Fe- *Lemps.*
vrier 1582. & n'a point laissé d'enfans. Il a testé le 26.
de May 1584. Il est mort Capitaine d'Infanterie.

2. Charles a continué.

3. George Chevalier de saint Jean de Hyerusalem
mort à la bataille de Lepanthe estant Commandeur de
Valance.

4. Pierre Chevalier du même Ordre, Commandeur
du Poët Laval.

5. Jean mourut l'année que le Roy tenoit Livron as-
siegé voulant passer le Rône ; il estoit Gendarme.

6. Jean-Denys, sieur de Mantonne Capitaine d'Infan- *Muri-*
terie, épousa par contract du xj. de Mars 1584. Françoise *nais.*
de Murinais, fille de noble François de Murinais & de *Motet.*
Françoise du Motet, & n'a pas laissé de posterité. *Sail-*
lians.

7. Marguerite a eu pour mary noble Gaspard de Sallians, d'où noble Jean de Saillans.

X. *Degré.*   CHARLES *de* LATTIER,
Seigneur d'Ourcinas & de Souspierre.

Il a porté les armes 24. ans pour le service du Roy, il
a esté en Piemont sous le Maréchal de Brissac, il a esté
Capitaine d'une Compagnie de gens de pied, par commission du 26. de May 1577. il a eu le commandement de
cent cinquante Hommes de gens de pied François, par
autre commission du 24. de Juin 1579. il a esté Capitaine
& Sergent Major au Regiment de Cavalerie de Livarrot
par commission du 19. de Septembre 1580. , où estant il
eut Ordre du Roy Henry IV. de conduire cinq Compagnies du même Regiment en des occasions importantes:
Le Roy luy écrivit qu'il estoit tres-content des services
qu'il luy avoit rendus, & qu'il avoit une bonne & grande intention de le recompenser. Il a esté huict années

Q

Maréchal de Logis de la Compagnie des Gens d'Armes de Maugiron Lieutenant au Gouvernement de Dauphiné : & il a longtemps commandé la Compagnie d'Ordonnances du brave d'Ourches. Plusieurs lettres que Maugiron luy écrivit, marquent la confiance qu'il avoit en luy, & le Connestable de Lesdiguieres l'avoit en une singulieres estime. Il fit quelques temps treve à la guerre pour se donner à une femme qu'il épousa le 20. de Janvier 1582. Elle s'appelloit Louyse de Moreton, fille de *Moreton.* Noble Charles de Moreton Seigneur de Chabrillan, & *du Puy.* d'Agnes du Puy, de laquelle il eut les enfans qu'il nomme dans son testament du 23. de Iuillet 1600. sçavoir

1. Antoine qui fera la matiere du degré suivant.

2. André Chevalier de l'Ordre de saint Jean de Hyerusalem.

3. Jean a fait branche.

4. Gaspard l'a aussi fait.

5. Caterine.

6. Gabrielle.

7. Marguerite Religieuse au Monastere de saint André de Ramieres.

XI. Degré. ANTOINE *de* LATTIER, *Seigneur d'Ourcinas & de Bayane, Capitaine d'une Compagnie de Gens de pied au Regiment de Charpey.*

Sa commission de Capitaine est du xj. de May 1610. Il eut en 1615. une Compagnie franche; & en 1636. il fut nommé Cornette d'une compagnie de deux cents chevaux Legers, que le Comte de Sault qui a esté en aprés Duc de Lesdiguieres avoit eu ordre de lever : mais cette commission n'eut point d'effet, & je n'en fais mention que pour faire voir la consideration où estoit Bayane : l'en ay veu les preuves dans une lettre de remerciment de

ce Comte fur ce qu'il avoit accepté cette charge ; elle eſt
du 19. d'Avril 1636. Il ſe ſignala en pluſieurs occaſions
& ſingulierement contre les Huguenots. Il épouſa le 20.
de Juin 1620. Andrée de Salignon , fille de Noble Tho- *Sali-*
mas de Salignon ſieur de la Buiſſonniere habitant d'Or- *gnon.*
nacieu, & de Marguerite de Theys , de laquelle il a laiſſé *Theys.*
pour enfans ,

 1. Charles-Antoine qui ſuit.
 2. Anne épouſe de Noble Agatange d'Yſeran.   *Yſeran.*

CHARLES-ANTOINE *de* LATTIER ,

XII. Degré. *Chevalier Seigneur d'Ourcinas & de Bayane*
    premier Capitaine , & Major du Regiment
    de Cavalerie du Comte de Guiche.

Il s'eſt allié par contract de mariage du 20. de Septembre 1656. avec Eleonor du Maine , fille de Noble & *Maine.*
puiſſant Seigneur Antoine du Maine , Comte du Bourg
& de l'Eſpinaſſe , Seigneur de Changy , de ſaint Bonnet
& autres places , Meſtre de Camp aux Armées du Roy,
& de Marie de Bohyer de Choiſi. Sortant de l'Acade- *Bohyer.*
mie, il prit les armes pour le ſervice du Roy , & fut Cornette, puis Lieutenant , & enfin Capitaine au Regiment
de Cavalerie de la Reyne Mere Anne d'Auſtriche, par
commiſſion du 2. de Juillet 1645. Il eut cette Lieutenan-
ce le 2. de Fevrier 1644. pour avoir paſſé le Rhin, &
avoir eſté au fameux ſiege de Rotuil où le Mareſchal de
Guebriant fut tué, & celuy de Rantzau fait priſonnier,
& il eut la charge de Capitaine à cauſe de pluſieurs belles actions qu'il fit la campagne ſuivante. Il continua de
ſervir dans le même Regiment juſques en 1653. qu'il paſſa en celuy du Comte de Guiche par commiſſion du 29.
d'Avril. Il y a eſté premier Capitaine & Major, & y a
rendu tous les ſervices qu'on a pû attendre d'un homme
de vertu , de cœur & de mérite comme luy. Enfin s'eſtant
marié il ſe retira une année après c'eſt-à-dire en 1657.

aprés la fin de la campagne de Valenciennes, & aprés avoir receu des témoignages de la satisfaction où estoit le Roy de sa conduite par une lettre que luy escrivit le Cardinal Mazarin le 7. d'Avril 1656. Il a pour enfans.

1. Antoine-Marie commença d'estre Page de la grande Escuyerie du Roy l'an 1673. & l'a esté jusques en 1677. Il se fit remarquer par son courage lors de la prise de Condé, il fut nommé Ayde de Camp du Lieutenant General la Cardonniere, mais estant en route pour le joindre dans l'armée d'Allemagne, il apprit qu'il estoit passé en Flandres, & estant arrivé dans cette Armée commandée par le Maréchal de Crequy, il y trouva le Marquis de Maulevrier son cousin germain, Mestre de Camp du Regiment de Cavalerie d'Anguien, qui luy procura une Cornette dans ce même Regiment, où il a servy jusques à la paix, avec une approbation generalle, s'estant trouvé en plusieurs occasions & particulierement en celle de Cocheber.

2. Eleonor Religieuse à Laval.

3. Anne de même.

LATTIER SOUSPIERRE.
V. BRANCHE.

XI. *Degré*   JEAN de LATTIER,
I I. Nom Seigneur de Souspierre,
Capitaine d'Infanterie.

Fils de Charles de Lattier Seigneur d'Ourcinas & de Souspierre, & de Louyse de Moreton. Son alliance a esté avec Marguerite d'Urré, fille de Noble Louys d'Urré

Seigneur de la Touche, & de Caterine Rivail, par con- *Rivail.*
tract de mariage du 20. de Janvier 1619. de laquelle il a
eu.

1. Pierre dont je parleray.
2. Charles Chevalier de Malthe.
3. Adrian a épousé Claude-Augustin de Vesc de *Vesc.*
Beconne; puis Bertrand d'Arsac la Cardonniere. *Arsac.*
4. Anne mariée à Noble Louys de Marsane par con- *Marsa-*
tract du 12. de May 1652. *ne.*
5. Marguerite femme de Noble François du Puy, *du Puy.*
Seigneur de Rochefort.

   XII. Degré.   **PIERRE** *de* **LATTIER,**
                Seigneur de saint Paulet, de la
                Touche, & de Souspierre.

Il a contracté mariage le 15. de Fevrier 1654. avec *Blain-*
Isabeau de Blain-de-Marcel, fille de noble René Hector *Marcel.*
de Blain-de-Marcel Seigneur du Poët & de Jeanne d'Ur- *Vrres*
re.

              ❦❦❦❦❦❦❦❦❦❦❦❦❦❦❦❦

LATTIER BuRLET.
VI. BRANCHE.

   XI. Degré.   **GASPARD** *de* **LATTIER,**
                Sieur de Burlet, Capitaine d'Infan-
                terie.

A servy plusieurs années, & particulierement contre
les Protestants. Il estoit fils de Charles de Lattier, Seigneur
d'Ourcinas de Souspierre, & de Louyse de Moreton. Il
s'est allié avec Isabeau de Villette, fille de Noble Estienne *villette*

de Pont. de Villette, & d'Isabeau du Pont. Il a testé le 12. de
Janvier 1665. & a laissé

1. Charles-Antoine qui suit.
2. Antoine religieux de l'Ordre de saint Antoine.
3. Françoise-Louyse religieux de l'Ordre de Ci-
steaux à Valence.

CHARLES-ANTOINE de LATTIER,
XII. Degré.   Sieur de Burlet, Capitaine de Cavalerie.

Est un des meilleurs & plus assidus Officiers que le Roy
ait dans ses Armées. Il commança de servir avant la grande paix de 1661. n'ayant que 14. ans. Il a esté Lieutenant de la Mestre de Camp au regiment du Comte de
Guiche, s'est signalé à la bataille de Dunquerque, où il
prit le Comte de Melle, Lieutenant General de l'Armée
ennemie, qui mourut de ses blessures dans sa tente. Il se
fit connoistre à la bataille de Sincseing dans le regiment
de Montferrier où il estoit Capitaine, & ce fut fort proche de luy que son Mestre de Camp fut blessé a mort. Le
Maréchal de Turenne l'a toûjours estimé à cause de sa val-
du leur. Il a épousé le 13. de Juin 1665. Anne du Claux, fille
Claux. de Noble. . . . . . . du Claux Seigneur de l'Estoille &
saint de Marguerite de saint George.
George.

Pagination incorrecte — date incorrecte

NF Z 43-120-12

* 9 7 8 2 0 1 2 5 5 4 5 8 0 *